군불 지피는
보랏빛 마음으로

이 동 식 시·산문집

시와사람

군불 지피는
보랏빛 마음으로

■프롤로그

군불 지피는 보랏빛 마음으로

신비한 세상이 열리듯 안개 사이로 수줍게 다가 온 하얀 바람은 긴 항해를 떠나려는 항구의 기선처럼 희망의 문을 열고 인사합니다.

깊은 숲 골짜기로 흐르는 뻐꾸기의 구애 소리는 안개 속에 숨은 아침을 깨우고 있습니다. 흘러가는 시냇물을 따라 한없이 달려가 보기도 하고 동산 너머 떠오르던 보름달에게 가까이 하려 힘차게 산 정상까지 올랐던 시절이 어느새 지나가 버리고 이젠 제 자리에 익숙해져 자리 잡은 팽이처럼 뱅뱅 열심 낸답시고 보내버린 우물 안 고백을 꺼내어 보았습니다.

지난 계절 흔적도 보이지 않던 마당 곁에 진홍의 붉은 빛 꽃무릇이 가득 피어올랐습니다. 미리 잎사귀라도 보여 줬더라면 기대라도 하고 준비라도 했을 텐데 점령군의 정복 선언처럼 붉은 깃발이 여린 바람에 펄럭입니다. 갑자기 떠내어 든 숨겨 둔 마음을 부끄럽고 어설픈 단어로 그려봅니다.

어린 시절 학교를 가던 길에 조그만 시냇물이 흘러갔습니다. 조금만 더 돌아가면 잘 만들어진 다리가 있었건만 우리는 몇 발을 덜 걷기 위해 징검다리를 만들어 아슬아슬하게 학교 길로 향했습니다. 때론 징검다리에 미끄러져 옷을 적시기도 하였고, 비가 오면 사라져 버려 바지를 걷어 올리고 다시 만들어야만 했습니다.

그러나 그곳에서 모래성도 쌓고, 물수제비도 날리고, 송사리와 피라미를 잡던 그 추억은 저만치 아랫길 다리에서는 상상할 수도 없는 선물 같은 추억이 되었습니다.

늘 제 생의 순간에는 고향故鄕과 어머니 그리고 어린 시절이 있었습니다. 지친 나그네의 팔짱을 잡아 끼우고 살며시 고개 내밀어 온 고향과 어머니에 대한 그리움을 퍼 올려 힘을 잃어 풀려 버린 시계의 태엽처럼 마지막 남은 초침을 따라 어설픈 노래를 힘내어 불러 봅니다.

어느 새 흘러가버린 나그네 길, 보랏빛 꽃 한 송이 곱게 피워놓고서 사라져 버린 세월의 아쉬운 향기를 찾아 머지않아 사라져 버릴 모래 위 기울어진 그림자를 바라봅니다. 그리고 차 한 잔에 우려낸 마음을 꺼내 흔적 속에 기억을 더듬어 봅니다.

세월의 오솔길을 돌아 내 달려 간 고향집 툇마루에 어린 시절 코흘리개가 앉아 있습니다. 귀마개 고무줄 자국 난 얼어 붉어진 얼굴 위로 까만 눈동자가 반짝입니다. 송진 덜 마른 붉은 소나무 골라 빙글 돌려 솜씨 내어 팽이를 깎았습니다.

야속한 해는 벌써 지려 하는데 아궁이 앞 수건 쓴 어머니 미소에 가마솥 고구마가 맛있게 익어갑니다. 그날 군불을 때시던 어머니는 내 평생의 군불을 지피시던 사랑이셨습니다.

오늘은 그리운 그 자리에 작은 펜을 들어 고향집 아궁이 앞에 앉아 군불을 지펴봅니다. 먼저 하나님께 모든 영광을 올려 드립니다. 또한 부족한 저를 지도해주신 한국문인협회 평론분과 회장 강경호 평론가님께 존경의 마음을 드립니다.

아름답고 품격있게 다듬고 만들어 주신 시와사람 강나루 실장님께 감사를 드립니다. 특별히 오늘의 나를 있게 해준 나의 사랑하는 가족들과 보물 같은 동역자인 무안읍교회 교인들께 깊은 사랑을 고백합니다.

군불 지피는 보랏빛 언덕에 올라 삶에 지치고 힘든 우리들의 마음이 잠시라도 쉼을 얻고 훈훈해지길 갈절히 소원합니다.

남산기슭 행복한 글방에서 이 동 식

■발문

자연에 순응하는 생명의 노래

강 경 호
(시인, 한국문인협회 평론분과 회장)

근대 이전까지만 해도 선비들은 시·서·화(詩·書·畵) 3절을 함께 일구웠다. 혼자서 시를 쓰고 글씨를 쓰고 그림을 그렸다. 이때 시·서·화는 서로 독립된 언어로 유기적인 관계를 이끌며 친연성을 가졌다. 그런데 개화기에 서구의 근대문화가 유입되면서 분리되었다. 그런 까닭에 시인, 서예가, 화가가 독립된 장르를 일구게 되었다. 그러면서 시인은 서예와 그림을 이해하지 못하고, 서예가나 화가도 시를 읽지 않는다. 하물며 같은 문학장르인 시와 수필에서도 시인은 수필을 읽지 않고 수필가는 시를 읽지 않는다. 그런 까닭에 문학, 또는 예술가는 통시적 시야를 갖지 못하고 있는 것이 사실이다.

지난 시대의 우리 선조들처럼 장르간의 벽을 허물고 통섭 · 소통할 때 비로소 보다 큰 시선으로 세계와 사물을 제대로 바라볼 수 있는 눈을 가질 수 있다.

시는 압축과 정제된 언어, 그리고 운율을 통해 독자들에게 시가 지닌 독창적인 내용과 감각을 전달한다. 수필은 작가의 체험을 고백하듯이 진실한 삶의 비의를 전하는 문학형식이다.

이동식 작가는 일찍이 우리 문단의 결핍인 장르간의 소통을 이해하고 시와 수필을 통해 독자들과 소통해 왔다.

이번에 펴낸 '시 · 수필집'은 이전에 펴낸 작품집들과 형식과 내용의 연장선상에 있다.

이동식 작가는 문학을 실천덕목으로 여기며 창작을 해온 분이다. 그러므로 여전히 세속에 물들지 않고 오롯한 정신으로 세계를 바라본다. 이러한 이동식 작가는 해박한 지혜로 인간이 궁극적으로 가야 할 길에 등불을 비춰준다. 더불어 그의 언어는 진중하여 시류에 흔들리지 않고 진실의 언어로 우리가 허기질 때 찾는 양식을 떠밀어준다.

그의 생각의 중심에는 신앙이 있다. 그렇다고 신앙의 언어에만 매몰되지 않은 보편적인 언어로 모든 사람들을 껴안고자 하는 배려의 문학을 일구고 있다.

이동식 작가의 작품에서 가장 흔하게 만나는 사물은 자연이다. 자연의 일부인 인간이 헛된 욕망으로 자연의 순리에서 일탈하는 것을 경계하여 자연의 질서에 순응하고자 한다. 그런 까닭에 시와 수필이 어우러지며 사계(四季)의 변화를 인간의 삶에 견주어 성찰하는 마음을 갖게 하는 것이 이동식 작가의 이번 작품이 주는 가장 큰 메시지이다. 그것은 우리 선조들이 춘하추동 사계절의 원리를 노래하고 자연의 구성원으로써의 겸허한 삶을 살게 하도록 안내한다.

이러한 이동식 작가의 글은 부드럽고 섬세하지만 강한 힘을 가졌다. '글은 곧 그 사람이다'는 말처럼 작가를 닮은 그의 글은 온화한 정서와 마음을 맑게 하는 정화기제 역할을 한다.

이 모든 것들은 그가 믿고 의지하는 창조주에 대한 경배이며 자연에 순응하는 생명의 노래이다. 그러면서도 이동식 작가의 글은 세계의 지혜로운 사람과 한국적 역사와 전통, 그리고 정서에 기대고 있어 더욱 친근하다.

군불 지피는 보랏빛 마음으로 / 차례

■ 프롤로그 —— 4
■ 발문 —— 6

愛 _ 꿈속의 고향

시
꿈 속 에서 —— 20
군불 지피는 보랏빛 마음으로 —— 22
나는 지금도 설렌다 —— 25
구도자의 바다 —— 26
사랑 —— 28
백련 피어난 연못에서 —— 30
나의 백련은 —— 31
꿈속의 고향 —— 32
언덕을 넘어 온 바람 —— 34
주님 오시던 날 밤에 —— 36

春 _ 봄처럼 웃어 보세요

시 봄처럼 웃어 보세요 —— 41
동다송東茶頌 —— 42
부활의 아침 —— 44
현무암 언덕에 올라 —— 46
봄비 —— 48
소녀의 사랑 —— 49
숲 속 나라의 궁전 —— 50
봄 마중 —— 52
숲 바람 —— 54
봄망울 —— 55
봄 편지 —— 56
수필 마음 판에 행복을 새겨보면서 —— 60
네게로 보내는 희망의 미소 —— 63
고개를 넘어 마중 나가는 소녀의 마음으로 —— 67
꽃밭에서 진한 행복을 만났습니다 —— 70
시작이 반이다 —— 74
행복한 민들레처럼 —— 77
가슴에 이미 그려 놓은 행복한 미래 —— 81

夏 _ 숲길을 울리는 뻐꾸기의 노래

시 몽돌 해변에서 —— 86
뻐꾸기 우는 언덕 —— 88
하얀 종이배를 띄우며 —— 90
숲 속의 고백 —— 91
님의 체온 —— 92
긴 이야기 —— 94
참새의 아침 —— 96
야래향夜來香 —— 97
호복하게 비가 내린 날 —— 98
수필 중석몰촉中石沒鏃의 정신으로 —— 102
잃어버린 감사를 찾아서 —— 105
드론으로 농약 하는 시대가 되었습니다 —— 109
다시 찾아와 준 고마운 벌에게 —— 112
차 한 잔에 우려 낸 따뜻한 마음 —— 115
꽃이 피면 생각나는 사람 —— 119
삼공三公도 만호후萬戶侯도 —— 122
부럽지 않은 행복 —— 122

秋 _ 붉은 마음 그대 곁으로

시 만추 —— 128
일기장 —— 129
어느새 —— 130
슬픈 가을 —— 132
가을 리허설 —— 133
추석이 다가오는데 —— 134
작은 새 —— 136
존재의 고백 —— 139
귀향歸鄕 —— 140
가을비 —— 142
가을이 된 여인 —— 143
님의 궁전 —— 144
수필 폭염 속 피어난 벼 이삭에게 배운다 —— 148
언덕을 넘어오는 가을의 선물 —— 151
삶의 흔적 속에서 인생의 기억을 읽는다 —— 155
고향낙수故鄕落水 —— 158
분청자의 품격을 닮은 전라도 정신 —— 163
'다사녹행茶思綠行'의 정신으로 —— 166
인생 수업 시간을 다녀와서 —— 170

冬 _ 나는 나그네였습니다

시 나에게 묻는다 —— 174

나는 나그네였습니다 —— 176

외로움 —— 181

겨울을 채우는 봄 —— 182

세한歲寒 —— 183

정월의 햇귀 —— 184

갈매기 노래 부르고 —— 186

대왕암大王岩에 기대어 —— 188

눈 —— 190

설날 —— 192

동짓날 —— 193

수필 내 인생에 황혼이 들면 —— 196

호명呼名 나의 이름 부를 때! —— 199

좋은 자리 함께 하자고 —— 203

녹명鹿鳴을 울려 봅시다 —— 203

저 높은 곳을 향하여 —— 207

스텝 바이 스텝step by step —— 207

숨겨놓은 단풍丹楓의 가슴을 열고서 —— 210

산천은 의구한데 —— 214

길 위에서 나에게 묻는다 —— 219

꿈 속에서

오솔길을 돌아
내 달려온 고향집 툇마루에
어린 시절 코흘리개가 앉아 있습니다.

귀마개 고무줄 자국 난
얼어 붉어진 얼굴 위로
까만 눈동자가 반짝이며 빛이 납니다.

송진 덜 마른
붉은 통나무 골라
빙글 돌려 솜씨 내어 팽이를 깎습니다.

야속한 해는 벌써 지려 하는데
아궁이 앞 수건 쓴 어머니 미소에
가마솥 고구마가 맛있게 익어갑니다.

어머님이 보내주신
꿈속의 나의 고향은
오늘 밤 행복한 선물 보따리입니다.

군불 지피는 보랏빛 마음으로

보랏빛 언덕을 따라
작은 불씨 피어오르고,

부드러운 바람은
나그네를 따뜻하게 감싼다.

작은 별,
다정히 내려와 앉고,

보랏빛 꽃들도
이불 속에 속삭이는 밤.

고단한 순례자,
지친 마음 붙들어 안고

온기 담은 군불 지피어
사랑의 화로火爐를 지킨다.

© 김영방

© 이가은

나는 지금도 설렌다

늘
그 자리
몸에 배인 그 익숙함

세월이 지나도

여전히
그 날의 그 마음

그 때처럼
똑같이

지금도 여전히
나는 설렌다.

구도자의 바다

저 깊고
오묘한 심해를 향한
그리움과

간절함으로
찰나를 기다리는
고고한 물새처럼

푸른 바다 위
꿈꾸는
그대의 빛나는 눈동자는

인생의 길
베리타스를 찾는
구도자 모습이어라

© 이동식

사랑

어젯밤
아무도 몰래
숲 길 가득 비가 내렸습니다.

여전히 당신은
마른 가슴에 적셔 주는
생명의 샘이었습니다.

햇살이 열리는 아침
촉촉하게 젖은 산길에서
고개를 들어 봅니다

거기 당신의
마음이 미소 짓고 있습니다.

© 허은자

백련 피어난 연못에서

다 잊어라
순백의 백련처럼

새로워지라
흙탕물이 맑아지듯이

성결해져라
보석처럼 구르는 물방울처럼

준엄한
너의 가르침
여기 나를 두고 길을 떠난다.

나의 백련은

너의 맑은 눈망울
푸른 잎 위로
물방울 되어 구르고

순백한 너의 마음은
하얀 고백이 되어
고고히 피었다

너의 부드러운 미소는
햇살 뒤로 숨어
살포시 나에게 안긴다.

꿈속의 고향

모락모락, 정겹게
어머니가 피워 올린
환영의 손짓

고향 집 굴뚝엔
하얀 연기가 피어오른다.

내일은 명절 날

저물어 가는 석양을 붙들고
공허한 가슴 꾸욱 누를 때
고향집 꿈속에 마음을 달랜다.

© 이성은

언덕을 넘어 온 바람

사창*의 부듯가
뱃고동에 놀라
몽탄 벌 누런 보릿대를 말리며
황금빛 바람이 불어옵니다.

성암마을 점이네
기름밴 잔치 내음을 안아 품고
남산계곡 솔향기 모아 담고서
언덕 넘어 흘러옵니다.

멧토끼 형제
귀 쫑긋 올려 세우고
산 까치 나직히 내려
바짝 다가앉으며
다람쥐 엄마 깨워 모여 오더니

철소재 언덕은
어느 새 사랑방이 되었습니다.

*사창 : 전라남도 몽탄면 영산강변 지명

© 이동식

주님 오시던 날 밤에

산 너머로 숨어 버린 태양을 따라
어둠이 내리는 초원의 가슴엔
사랑의 향기를 품은
양치기의 맑은 피리소리가
은은하게 울립니다.

하룻동안 종종 걸음
지친 어미 양 품에 안긴
아기 양들은
그 노래를 자장가 삼아
예쁜 꿈자리를 펴고 누웠습니다.

계곡을 울리는 들짐승 울음에
어둠은 점점 진흙 빛으로 물들어 가고
꿈나라 공주 된
아기 양의 편안한 얼굴엔
붉어진 미소가 그려집니다.

하늘의 문이 열리고
찬란한 별빛이 보석처럼 쏟아지며
무대를 밝히는 조명등이 켜진 듯
영광이 가득히 하얀 눈처럼
목장 위로 내립니다.

천상의 악보
하늘의 비파를 들고 온
천사들의 찬양은
천상의 화음을 꺼내어 대지를 울리며
곱디 고운 영혼의 노래를 부릅니다.

하늘에는 지극하신 영광을 올려 드리고
그 기뻐하신 자들
마음을 어루만지며
평화로 포근히 감싸 줍니다.

주님 오시던 날 밤
베들레헴 들녘의
은혜 받은 양치기는
단숨에 달려 구유의 아기 예수님께
감동스런 첫 경배자
메리 크리스마스가 되었습니다.

© 허은자

春

봄처럼
웃어 보세요

© 이가은

봄처럼 웃어 보세요

햇살이
호반 위로 내려 왔습니다.

출렁이는 물살에
간지러운 듯
보석처럼 반짝입니다.

더 이쁜 표정을 지으며
봄처럼
활짝 웃어 보세요.

동다송東茶頌

저 깊은 심연의 천길
유달 뫼의 광천수를 퍼 올리고
하늘의 햇살 모은 선홍의 다기엔
영산의 눈물이 고였다.

팽주烹主의 엄숙한 몸짓은
차오른 떨림을 삼키게 하고
받아 든 마중차는
감춰 둔 고백 꺼내 다향으로 적신다.

봉창너머 피어 난 다담茶談은
다리고 우린 진한 시구
서른두 번째 동다송東茶頌이 되어
달빛에 어린다.

부활의 아침

무섭게 고요가 흐르고
숨 죽여 숨어 버린 새벽

달그락 달그락 향품 챙기고
사랑을 품은 여인들은 새벽을 기다린다.

로마 군병의 포악함도 거대한 돌문도
채 가시지 않은 어둠도
주님을 향한 발길을 막지 못했다.

천사가 맞이하며
부활하신 예수님 증언 할 때에
사모하던 내 주님 그들을 만나 주셨다.

아리마대 요셉은
그의 묘지에 주님을 모셨고
마리아는 가슴에 모셨던
부활하신 나의 예수님

지금도 내 심장엔

예수님이 살아계신다.

현무암 언덕에 올라

저 깊은
통한의 멍든 가슴
붉은 사연 절규를 끓어 올려
천둥 내려 어지럽던 그 아득한 날

응어리진 멍울
무섭게 쪼개어내고
파편 되어 버려졌던 날선 절규로
까맣게 탄 애간장은
숭숭 구멍이 뚫려 식어 버렸다.

외롭고 시린
지쳐버린 군상을 향해
밤 새워 달려와 눈물 닦아 안아 준
깊은 대양의 포근한 친구는
하얀 노래가 되어 갈매기를 모은다.

일출봉 분화구 위로
벌써
미소 띤 햇살이 내리고 있다

현무암 어깨 따라
문주란도 방긋 웃는다.

© 이동식

봄비

소리 내어
비가
내리고 있습니다.

저녁이 오려는
조용한 숲길

벌써 고인
빗물 위로는

대지의 심장이
힘차게 박동하며

봄비로
내려옵니다.

소녀의 사랑

눈꽃 덮였던
가지 끝
눈물 맺혔던 자리
봉긋 붉은 움이 돋았다.

잠자던 대지 깨우며
봄이 왔다고
말 못한 벙어리 속마음
몸에다 새거시 피이 보인다.

제발 애타는 연정
눈치라도 채서
알아
달라고.

숲 속 나라의 궁전

투명 빛 보석이 열린
기다란 푸른 풀잎에
하늘이 내리고

강아지풀 솜털에는
가루보석 은하수가 빛난다.

선홍색 루비는
붉은 장미 꽃잎에 걸렸고
보랏빛 도라지는
블루 사파이어로 열렸다.

보석의 황홀경에 멈춰버린 시선
하나 둘 떠나 간
광채만 눈에 아른거리고

가슴 속 숨은 따뜻한 고백은
선홍의 열매가 되어
가지 끝에 열렸다.

봄 마중

갓 깨어난
하얀 가지 끝
적셔 내리는 투명 빛 이슬은
꽃잎 위에 머물러 노래를 부릅니다.

스쳐 다가온
소녀의 콧바람은
살며시 희망을 흔들어
가슴으로 달래어 포근히 안았습니다.

열지 못한 문
무념의 빗장을 풀고
숨어버린 소녀를 불러
얼른 나오시라
두 손 내밀며 마중 나왔습니다.

© 이가은

숲 바람

뫼 등걸 따라
할미꽃 피어
백발 낭자로 휘날리고

민들레 부푼 꿈
설렘으로 터트리어
저 하늘 끝으로 날아갈 때에

먼 산 울리는
산새의 노래는
잠든 아침을 깨운다.

봄망울

월출의 젖은 줄기 끝
깨어 예민해진 가슴은
고이 모은 영롱한 봄망울이 되었습니다.

허리춤에 두른
연분홍 앞치마 치켜 올리며
떠나던 봄 손을 잡아매었습니다.

멎이 비린 심장
고목 된 벚나무의 여린 꽃잎은
아기 숨소리 맞추어 순백으로 피었습니다.

봄 빛 엳어진 오후
발자국 소리조차 없는
한적한 계곡 따라
여전한 그리움은 님을 찾아 흘러갑니다.

봄 편지

따사로운 햇살은
창문 너머
흙벽에 기대고
누웠습니다.

봉긋 오른
매실원 언덕
옹달샘 줄기를 따라

부드런 물기둥
품어 오르며
분홍빛 콧노래를 불러 줍니다.

무거워져
늘어진 가지 붙들고
피어오르는 수줍은 사랑은

님 향할 고이 접은 편지를

다시 꺼내어
활짝 미소 피어 낼
사랑을 그리고 있습니다.

마음 판에 행복을 새겨보면서

담장 너머로 넝쿨이 어우러져 활짝 피어난 장미가 지나가는 길객에게 인사하듯 발길을 붙잡습니다. 장미의 종류도 참 많습니다.

나비 같은 잎사귀를 가진 연분홍빛 작은 찔레 장미로부터 해당화처럼 꽃잎을 펼쳐 향기를 뿌려주며 아기자기 섞여 피어난 담장은 떠나가는 계절이 아쉬운 듯 위로하고 응원하듯 더불어 합주를 하며 서로를 붙잡고 피었습니다. 모내기가 끝난 무논은 벌써 거름기를 받은 진록으로 채색하고 내리는 햇살에 적당히 물을 데워 놓았습니다.

아름다운 장미와 짙어진 들녘을 바라보며 분주하고 지쳤던 마음에 여유와 향기가 스며듭니다.

며칠 전 만난 선생님이 자신의 작품을 나무에 새겨 저명한 전시회에 출품했다며 작품사진을 보여주었습니다. 휴대폰 사진으로 본 작품은 제게 말을 걸어오는 듯 메시지를 전달받게 되었습니다. 포봉 선생님이 보여준 작품은 [不狂不及]입니다. 무언가에 미쳐야 그 분야의 수준에 이른다는 것으로 미치지 않으면 이르지 못한다는 의미였습니다.

나무의 원색과 목질을 그대로 살리고 새긴 글씨를 서각한 바탕에는 칼자국이 그대로 생생하게 남아서 작가의 감정이 그대로 표현되어 있었습니다.

작가의 표현대로라면 '칼맛' 조각도의 감정이 맛처럼 그대로 살아있는 듯 하였습니다. 그리고 함께 출품한 또 하나의 작품을 보면서 깜짝 놀라고 말았습니다.

길고 넓은 세로의 거친 목판에 새긴 글씨는 단 한 글자, 마음 심心자였습니다. 마음 심心자를 큰 판재에 가득 채워 칼맛이 살아있는 작품이었습니다.

작품이란 작가의 사상, 그가 표현하고자 하는 메시지도 있지만 때론 그 작품을 독자나 관람자가 재해석하기도 합니다. 사람의 마음은 얼마나 복잡할까? 그 판재 가득 채워진 心자는 사람의 마음속에 가득한 갖가지 마음과 소망들 그리고 염려가 아닐까? 한 부분은 거칠게 새겨져 있고 어느 쪽은 부드럽게도 표현되었습니다.

인간 마음은 감정과 행동의 방향을 정하고 그 사람의 자체입니다. 그래서 마음을 잘 다스린다는 것은 자신을 바르게 관리하는 것이라고 볼 수 있습니다. 상처 입고 금이 간 마음은 아픔을 간직한 채 살아갑니다. 그러므로 육신의 상처를 싸매고 꿰매고 약을 바르듯이 마음도 싸매고 위로의 약을 발라야 합니다.

사람은 대담하고 강한 마음을 가지면 세상을 씩씩하고 삶을 힘차게 이끌어 가기도 합니다. 불안하고 미워하는 마음에는 스트레스로 인해 독이 생기고 병이 생기기도 합니다. 마음이 견고하지 못해 흔들릴 때도 있고 무거워진 마음에 짓눌러 헤어 나오지 못할 때도 있습니다. 마치 함정에 갇힌 것처럼 답답하고 어두움에 방황하기도 합니다.

마음의 상태가 인생입니다. "무릇 지킬만한 것보다 더욱 네 마음을 지키라 생명의 근원이 이에서 남이니라[잠언 4:23]" 그래서 사람들은 거친 마음을 부드럽게 하고 좁은 마음에서 여유롭게 하며, 아름다운 마음으로 밝고 상쾌하게, 따뜻하고 가벼워진 마음으로 바꾸려 수없이 노력합니다.

우리는 중요한 것일수록 보호하고 지키는 것입니다. 약속도, 보물도, 생명도 중요하게 지키듯이 마음도 너무나 중요하여 지키라고 성경은 강조합니다. 거친 나무에 써서 새겨 놓은 마음 心자는 마음을 그려 놓은 거울 같기도 하고 작가의 자화상이었습니다.

향기 피어오르는 담장에 기대어 좁아져 버린 마음 판을 슬그머니 꺼내어 행복이란 글자를 새기어 봅니다.

네게로 보내는 희망의 미소

부드럽게 얼굴을 간지럽히는 햇살 아래로 얌전한 바람이 발꿈치를 들고 지나갑니다.

낯선 기척에 놀란 아침은 살며시 창문을 열어 줍니다. 국빈을 환영하던 퍼레이드가 지나간 길가에 뿌려진 색종이처럼 파티의 여운을 남기듯 짙은 향기를 풍기며 장미 꽃잎이 창가로 흩날립니다. 꽃 중의 왕인 화려하고 아름다운 장미가 어느새 시들어 떨어지고 있습니다. 꽃을 보면 누구나 마음이 환해지며 좋아합니다.

유대인 화가 마르크 샤갈은 세계적으로 몽환적이며 초현실주의의 그림을 많이 남긴 유명인사입니다. 그는 제2차 세계대전과 유대인 대학살을 경험하였습니다. 대부분 이런 어려운 시대와 환경을 겪은 예술가들은 정서적으로 불안하고 어두운 감정을 사용하여 예술 활동을 합니다.

그런데 마르크 샤갈은 밝고 화려한 컬러와 해석하기도 어려운 꿈꾸는 듯한 상상의 나래를 펼치는 그림을 그렸습니다. 유난히 그의 그림에 꽃다발이 많이 등장합니다. 사람들은 그에게 질문합니다. 인생의 삶에 어려운 우여곡절을 많이 당했음에도 의외로 환상적인 표현과 꽃다발이 많이 등장하는 특별한 이유를 물었습니다.

꽃다발은 사람들에게 축하의 의미가 있듯이 그림을 만나는 모든 사람들에게 밝고 희망찬 마음을 꽃으로 표현하여 선물하고 싶었다는 것입니다. 사람도 자연도 모두 가장 화려한 시절을 지날 때 '꽃같이 피었다'고 표현합니다. 꽃은 피려고 할 때 벌써 마음을 설레게 합니다. 아름다운 꽃봉오리가 올라오면 모두 가슴을 조이며 숨죽이며 기대하며 기다립니다. 그리고 그 꽃이 피어나면 향기를 날리며 사람도 나비도 벌들도 모이게 만듭니다. 아쉽게도 그 아름다운 꽃이 사그라져 갈 때가 되면 그 자리에 씨앗이 맺히고 열매가 맺혀집니다.

자연은 예사롭게 우연히 진행되는 것이 하나도 없습니다. 꽃이 시들지 않는다면 그리고 떨어지지 않는다면 씨앗도 열매도 나타날 수가 없습니다. 화려함도 내려놓고 멋지게 퇴장하는 떨어지는 꽃잎에는 숭고한 사명을 감당하고 퇴장하며 기꺼이 자리를 비껴주는 희생도 배울 수가 있습니다. 꽃잎은 비록 찢기고 바람결에 하염없이 날려가고 발밑에 밟혀질 때도 끝까지 향기와 아름다움을 전해주는 메신저입니다.

지구의 허파로 알려진 아마존 정글은 변화무쌍한 기후와 40미터가 넘는 나무들과 각종 동식물들, 그리고 밀림이 존재하는 미지의 지역입니다.

이곳의 경비행기 한 대가 기계 결함으로 추락했고 성인 3명이 현장에서 시신으로 발견되었습니다. 그런데 이 비행기에 같이 타고 있었던 어린이 4명의 행방을 찾을 수가 없었습니다. 콜롬비아는 이 구출과 수색 작전의 작전명을 "에스페란사"로 정하고, 포기하지 않고 수색을 계속 했습니다. 그리고 40일 만에 어린이 4명은 극적으로 구조되었습니다. 아이들의 말에 의하면 사고 후 그들은 사고를 당한 어머니와 며칠을 같이 지냈고, 어머니는 자녀들에게 "살아서 나가라"고 유언을 한 것으로 엘티엠포 등 현지 매체들이 보도를 했습니다. 자신이 크게 사고를 당한 후 나흘 정도 살아있던 어머니는 큰 아이에게 "동생들을 돌보라고 했고 살아나갈 방법을 찾으라"고 지도를 했습니다. 죽어가면서도 어머니는 위대한 꽃이었습니다.

이 엄청난 기적 같은 생환 소식을 들은 며칠 후 또 안타까운 기사가 알려졌습니다. 그 수색 작전에 앞장서 수색 초기에 아이들의 흔적을 찾아내어 희망을 주었던 수색견 윌슨이 보이지 않는다는 것입니다. 콜롬비아군은 '동료를 절대 남겨두지 않는다'는 구호대로 끝까지 윌슨을 찾겠다고 수색을 계속하고 있다는 것입니다.

끝까지 아이들의 생존방법을 가르치고 격려했을 헌신적인 어머니, 그리고 스페인어로 희망이란 뜻의 작전명 "에스페란사" 또한 함께 작전에 참가했던 수색견을 끝까지 찾겠다는 마음은 어린이들의 생환처럼 귀하고 감동스러운 이야기입니다.

계절의 여왕 장미가 우아하며 짙은 향기를 남긴 채 나의 창가로 찾아와서 작별 인사를 나눕니다. 미풍에 날리는 꽃비를 바라보며 예쁜 향기가 배인 작은 미소를 살짝 지어봅니다.

고개를 넘어 마중 나가는 소녀의 마음으로

금방이라도 큰 눈이 몰려오려는지 하늘이 어둡고 을씨년스러운 오후가 금방 지나가고 저녁이 찾아옵니다. 시간 놓친 산새들만 분주히 둥지를 찾아 퍼득이며 가족들을 모으고 있습니다.

인생에게 기다림이란 참 소중한 선물입니다. 기다림이 있기에 우리는 오늘의 길에서 버티고 견디고 일어서는 것입니다. 기다림은 축복의 약속이며 설레게 하는 행복의 향기입니다.

국민 동요이며 성악가들이 많이 부른 현제명 선생님의 「고향생각」이란 노래가 있습니다. "해는 져서 어두운데 찾아오는 사람 없어 밝은 달만 쳐다보니 외롭기 한이 없다. 내 동무 어디 두고 이 홀로 앉아서 이 일 저 일을 생각하니 눈물만 흐른다".

외국에서 고향이 그립고 외로움과 깊은 그리움에 사무치지만 찾아오는 사람도 없고 동무도 없는 쓸쓸함에 눈물을 흘리는 가슴 우리는 시 입니다. 고등학교 시절 친구들과 뜻도 모르고 자주 불렀던 김민부님의 '기다리는 마음'의 가사에도 "일출봉에 해 뜨거든 날 불러주오 월출봉에 달 뜨거든 날 불러주오 기다려도 기다려도 님 오지 않고 빨래 소리 물레 소리에 눈물 흘렸네" 막연한 기다림 그리고 기약 없는 기다림은 이렇듯 슬프기만 합니다.

그러나 희망찬 기다림이 있습니다. 명절이 되면 객지에 나간 가족들이 돌아오고 친척들을 만나 설빔도 얻어 입고 맛난 음식과 떡이 있는 명절은 손꼽아 기다리며 행복한 시간들입니다.

초등학교 시절 방학을 기다리는 마음도 소풍을 기다리는 마음도 벌써 김밥 도시락 쌀 준비하며 행복해집니다. 청춘 남녀가 사랑하는 사람을 기다리는 달콤한 마음과 여행을 계획한 사람들이 필요한 준비물을 챙기면서 흥분하고 행복해지는 것처럼 분명한 약속과 행복을 위한 것이라면 기다림 자체가 축복된 선물입니다.

계란이 부화가 되면 병아리가 탄생합니다. 그런데 부화의 과정은 어둠 속에 발육하고 성장하며 병아리가 되어 갑니다. 애벌레가 성충이 되어 하늘을 날아가는 아름다운 나비가 되려면 어둠의 번데기 시간을 기다리며 지냅니다. 얼어붙은 땅을 헤집고 떨어진 생명의 씨앗도 어두운 땅 차디찬 땅 속에서 각고의 과정을 통과하며 기다림으로 희망으로 돋아 오릅니다.

차디찬 눈보라가 몰아치는 겨울, 우리는 봄날의 아지랑이 피어오르는 봄 언덕을 바라보며 기지개를 폅니다. 세상의 모든 것은 공평하고 조화를 가지고 있습니다. 피하고 싶고 핑계 거리가 되는 단점 투성이가 때론 장점으로 바뀌어 그 과정이 존귀한 시간이었으며 형편이었다고 도리어 감사가 고백 됩니다. 날카롭고 강한 턱과 이빨이 없는 소에게 뿔을 머리에 두셨습니다. 그 뿔로 적을 막아 자신을 보호하는 것입니다.

반면 호랑이는 힘 있고 강한 뿔이 없는 대신 날카로운 이빨을 소유하였습니다. 다리가 둘밖에 없는 새는 다른 동물에게는 부러움의 대상 창공을 날아다니는 날개가 있습니다. 또한 날개가 없는 들 짐승에게도 다리를 넷이나 주셨습니다.

찬바람이 무섭게 불어옵니다. 급하게 내려간 수은주는 온 몸을 움츠리고 숨어들게 합니다. 그러나 찬바람을 타고 열려진 길로 따라온 훈풍의 등장이 시나리오처럼 기다리고 있습니다.

초저녁부터 동산에 뛰어 올라 둥근 달을 기다리던 초동 시절처럼, 소풍 날 입고 갈 옷과 가방을 머리맡에 두고 밤을 지새우던 밤처럼 이미 가슴에 채워지는 행복함과 설레는 기대는 향기로운 꽃동산에 당도해 있습니다.

오늘 밤에는 큰 눈이 내릴 것 같습니다. 그러나 두렵지 않습니다. 하얀 설원 위로 피어 있을 복수초의 황금빛 봄 이야기가 벌써 가슴 속에 돋아 오르기 때문입니다. 오늘 밤 꿈나라에서는 고개 넘어 마중 나가는 소녀의 마음으로 진달래 피어난 계곡의 물소리를 들으며 수줍게 살짝 고개 내민 봄나물 손님을 찾아 떠나 봅니다.

꽃밭에서 진한 행복을 만났습니다

안개비를 가득 머금고 흐린 햇살 아래에서 방긋 미소를 짓는 두메의 과원에는 봄날의 신비한 보석들로 꽃동산을 이루었습니다. 성급하게 달려 온 우체부의 손에 들린 긴 사연의 편지처럼 아직 읽지 못한 봄 사연이 동산 가득 숨어 있습니다.

소풍 나온 어린 초등학생들이 잔디밭 여기저기 옹기종기 앉아 기대와 행복함으로 정성껏 싸온 도시락 보자기를 풀던 점심시간처럼 앞동산엔 겨우내 참아왔던 보따리를 풀고 봄노래를 부르며 소망의 꽃을 피워냅니다.

짧은 봄날, 긴 겨울잠에서 깨어난 언덕배기 분홍의 복사 꽃밭에도 고개 넘어 백옥 같은 매화 밭에도 화려한 봄 잔치가 한창입니다. 마치 내가 꽃밭의 왕자가 되고 영광스런 잔치의 주인공이 된

듯이 아름다운 꽃밭을 설렘으로 걸어봅니다.

지난겨울은 많이 추웠습니다. 그래서 활동이 불편하고 얼었던 그 겨울을 빼앗기고 잃어버렸던 허송하게 보낸 시간으로 아까워했습니다. 그러나 새로운 움을 준비하며 활짝 피어난 복사꽃의 분동 동산은 희망차고 밝게 기지개를 켜고 일어났습니다.

프랑스의 소설가이면서 수많은 독자들에게 20세기를 대표하는 걸작 『잃어버린 시간을 찾아서』란 명작을 남긴 마르셀 프루스트는 그의 저서에서 이렇게 말했습니다. 그는 그 책의 주제 '잃어버린 시간'이란 '우리가 놓쳐 버린 시간'이라는 것입니다. '우리가 어떤 것이든지 무엇이든지 행동할 수 있는 것들은 환경이나 사정이 달라지고 바뀐 것이 아니라는 것입니다. 단지 그 세상을 향한 나의 마음가짐, 생각이 달라진 것이라'는 것입니다. 혹자는 이미 와 버린 봄을 맞으면서도 꽁꽁 얼어붙어 자신감과 의욕 때문에 시간을 잃어버린 것처럼 불행해 하고 절망합니다. 저는 행복하게 살아야 겠다고 다짐하며 봄을 맞이합니다.

얼마 전 한 의학전문 프로그램에서 우리 몸을 유지하고 지탱하기 위해 내분비샘에 50여 종이 넘는 각종 호르몬이라는 물질이 만들어진다고 합니다. 췌장에서 만들어지는 인슐린은 당뇨를 조절해주고 여성을 부드럽고 곱고 아름답게 만드는 에스트로겐이나 남성을 힘이 있게 근육을 만들고 굵은 목소리를 내게 하며 야성이 넘치게 하는 페스토스테론이란 호르몬도 있습니다.

웃으면 만들어지는 엔도르핀은 통증도 없애고 암세포도 죽이고 피로도 회복시킵니다. 세라토닉은 세포에 밝은 영향을 줘서 우울감을 제거하는데 감사의 말을 많이 할 때 생성됩니다. 사랑하면 생성되는 도파민은 혈액과 순환 체계의 메커니즘을 활성화해줍니다.

이런 호르몬 중에 제약회사가 만들어 낼 수 없는 최고의 호르몬은 다이돌핀didorphin이라 합니다. 다이돌핀은 우리 몸의 면역력을 높이고 암세포가 녹아지고 우울감이 사라지고 행복하게 해주며 엔도르핀의 4,000배의 효과와 모르핀의 100배의 신경 조직 활성화를 가져옵니다. 다이돌핀이 만들어지는 방법은 가슴깊이 감동할 때입니다.

감동이란 아름다운 경치를 보거나 사랑하는 분의 호의와 사랑이 담긴 깊은 보살핌과 배려로 감격할 때 생겨납니다. 그 감동感動을 우리는 감격感激이라고도 합니다. 한자로는 '감사할 감'자에 '움직일 동'자와 물결칠 격입니다. 감동과 감격은 마음 속 깊이 물결이 치듯이 움직이고 뭉클하여 힘으로 솟아나며 우리 몸에 다이돌핀을 만들어 내어 가장 행복한 상태를 만들어주는 것입니다.

오늘 나는 꽃밭에서 감동하며 행복한 하룻길을 걸어 봅니다.

© 이성은

시작이 반이다

매화가 끝물 꽃을 피우며 시간을 넘어 힘차게 희망의 동산으로 달려가고 있습니다. 며칠 전에는 경칩이었습니다. 경칩은 겨울잠을 자던 개구리가 나온다는 모든 만물이 이제 활동을 시작하는 절기로서 경칩[驚놀랄경, 蟄숨을 칩] 깜짝 놀라 칩거하여 숨었던 개구리가 겨울잠에서 깨어날 정도로 날씨가 풀린다는 날이었습니다.

경칩의 의미처럼 우리도 모르게 추위와 삶에 놀라 숨었던 우리 삶이 훌훌 두려움으로 위축된 겨울을 털고 힘차게 일어나 활동을 시작하라는 신호와 같습니다.

슬기로운 우리 조상들은 봄은 6개 절기, 여름은 더위에 관한 소서 대서 등 6개, 가을은 이슬내리는 백로 서리 내리는 삼강 등으로 6개, 겨울은 눈에 대해 소설 대성 추위에 대해 소한·대한 등 6

개, 총 24절기라는 것을 만들어 사계절 봄, 여름, 가을, 겨울의 자연의 진행 과정을 통해 농사 진행과 사람의 계획을 정해 지혜롭게 생활을 하셨습니다.

특히 봄은 입춘으로 시작합니다. 봄비가 내리고 싹이 트기 시작한다는 우수와 겨울잠을 자던 개구리도 일어난다는 경칩이 있습니다. 밤낮의 길이가 같아지면서 낮이 길어지기 춘분이 있습니다. 춘분은 하루 하루 생활의 패턴의 변화를 가져 옵니다. 그리고 봄 농사를 준비하라는 청명과 하늘에서 농사를 지으라고 비를 내려 못자리를 준비 시킨다는 곡우입니다.

이렇듯 봄의 절기는 24절기 중에 중요한 의미를 가지고 있습니다. 그것은 '모두 시작하라, 출발하라, 돌격 앞으로' 명령하며 일어나라는 호령소리입니다. 허무맹랑한 추상적인 철학이 아닌 실천, 실증주의, 이성주의로 현실 적용적인 철학을 집대성한 거성 플라톤 밑에서 20년 동안 수학한 유명한 철학자 아리스토텔레스가 있습니다. 그가 남긴 수많은 명언 중에 '시작이 반이다' '예술은 길고 인생은 짧다' 그리고 '인내는 쓰다 그러나 그 열매는 달다'라는 말은 전 세계 사람들에게 지금도 사람들의 삶의 지침이 되고 있습니다.

아리스토텔레스의 철학적 명언에서 보듯이 그는 인생들을 잠에서 깨어 일어나도록 깨우고 다시 일어서라고 응원하며 격려하고 있습니다. 눈보라를 참고 견디면 희망찬 새 봄이 찾아오듯이 아리스토텔레스의 말처럼 '시작이 반이다' 외치고 '인내는 쓰다

그러나 그 열매는 달다'를 외치며 우리들도 일어나 출발해야 합니다. 삶이 힘들고 어려워도 참고 견디고 자기를 다스리며 인내를 실천함으로 나타나는 열매는 엄청난 보상과 달콤한 미래를 보장 받는다는 것입니다.

우리는 춥고 황량한 눈보라 속의 시간들인 겨울을 잘 견디고 지금 씨앗을 들고 들판으로 나서는 농부처럼 희망의 등불을 켜고 있습니다. 프랑스 작가 생텍쥐페리의 소설『어린 왕자』는 사막 한가운데에 불시착한 조종사가 행성에 사는 어린 왕자를 만나 왕자가 살던 행성의 이야기들을 나누는 내용입니다. 실제로 비행기 조종사였던 그는 1935년 비행 도중 리비아 사막에 불시착했습니다. 침이 마르고 숨쉬기가 버거운 데다 목구멍까지 쓰라린 사막에서 5일 만에 지나가던 베두인 상인에게 발견되어 목숨을 건질 수 있었습니다. 기자들은 그에게 물었습니다. 그의 대답은 너무나 익숙해서 소중한지 모르는 가족을 생각하며 버텼다고 했습니다.

늘 곁에 있어서 쉽게 생각했지만 가까이에 있어 소중함을 모르고, 사랑을 표현해야 할 필요성을 못 느낀 보물을 찾아낸 것입니다.

행복한 민들레처럼

구름 사이로 방긋 내민 햇살은 숲 속 깊은 언덕배기까지 찾아가 지나 계질의 진동을 두드리며 숲을 깨우고 있습니다. 한 차례 하얀 눈으로 덮였던 산과 들의 캔버스 위에는 부드러운 연두 붓으로 신록의 수채화를 그려지고 있습니다.

이 세상에 가장 강한 힘은 아마도 말없이 피어오르는 부드러운 생명의 행진 같습니다. 숲 길에 버려진 가늠할 수도 없는 옛 사람의 흔적들에 다람쥐가 나들이를 펼치고 있습니다.

거대한 탑을 쌓으며 높아진 인류의 문명과 지배자가 되어 군림하던 강렬한 한 시대의 외침들은 아스라이 사라져 버렸습니다. 잊혀져 버린 섬돌이 놓였던 폐허의 권좌 돌 틈에 소박하게 피어나는 한 송이 황금 빛 민들레는 홀로 햇살을 독차지하며 바람에 살랑거립니다. 높다란 첨탑 처마에 이끼로 버티어온 와송의 실루엣, 그리고 거기 터전 삼아 새끼를 치는 산비둘기의 구애소리만이 숲 속의 위엄 찬 통치자가 되었습니다.

가장 강한 듯하면서도 두려움으로 몇 겹의 갑옷을 입고 돌들을 모아 성을 쌓고 숨었던 인걸人傑들의 연약함 앞에 오늘도 생명의 힘만이 변함없이 피어 햇살을 차지하고 있습니다.

누군가 말했습니다. 굽은 나무가 산을 지킨다고 잘난 사람 다 뽑혀 나가고 처지고 버려진 신세, 그러나 오늘은 민들레 한 송이가 주인공 되어 강토의 생명이 피어나는 햇살 아래 당당히 빛을 발하고 있습니다. 눈물과 그늘은 인생의 과정이며 간증이고 훈장입니다.

인생 길에서 경제 문제로 가난하고 쪼들려 다급하게 살기도 했습니다. 힘과 실력이 부족하여 못한다고 필요 없다고, 쓸모없다고 내쳐지고 무시도 당해보았습니다. 알량한 권력자 앞에 하찮다며 괄시를 당해 자존심이 무너진 적도 있을 것입니다.

유명한 시인 중 "울지 마라. 외로우니까 사람이다. 살아간다는 것은 외로움을 견디는 일이다. 공연히 오지 않는 전화를 기다리지 마라."라는 '수선화'라는 시를 쓴 시인 정호승의 시 중에 '내가 사랑하는 사람'이라는 시가 있습니다. 그는 그 시에서 그가 사랑하고 싶은 사람, 존중하고 싶은 사람은 인기나 성과로 사람들이 따라가는 그런 이른바 성공자가 아니라 어렵고 힘든 삶 속에서 오늘도 꾸준히 인생을 쌓아가는 사람이라고 강변합니다. "나는 그늘이 없는 사람을 사랑하지 않는다. 나는 그늘을 사랑하지 않는 사람을 사랑하지 않는다. 나는 한 그루 나무의 그늘이 된 사람을 사랑한다. (중략) 나는 눈물이 없는 사람을 사랑하지 않는다. 나는 눈물을 사랑하지 않는 사람을 사랑하지 않는다. 나는 한 방울 눈물이 된 사람을 사랑한다."(정호승 시인의 「내가 사랑하는 사람」 중에서) 정 시인은 추운 겨울을 지내며 지쳐버린 영혼들, 더위에 지치고 상처 난 그 사람들의 아픔을 싸매고 안아주며 눈물을 닦아주는 봄볕 같은 따뜻한 세상을 고대합니다. 요즘 시대는 자기 의에 오만합니다. 남을 정죄하고 스스로 의로운 척 합니다.

요즘 SNS에는 댓글이라는 것이 달립니다. 익명으로 상대방을 무섭게 비판하고 정죄하고 공격합니다. 그러나 그런 댓글 가운데에서도 누군가 따뜻하게 그 사람의 입장을 품고 안아주며 다시 일어나도록 손을 내밀어 준다면 얼마나 좋을까 생각해 봅니다.

인생의 그늘과 눈물로 뒤범벅 된 차가운 폐허의 돌 틈 위로 부드러운 햇살이 내려옵니다. 찾아온 사랑의 온기를 맞아 당당하게 활짝 피어난 민들레 곁에 내 작은 팔베개를 살짝 내밀고 행복한 오후를 누려봅니다.

© 허은자

가슴에 이미 그려 놓은 행복한 미래

며칠 전부터 주변이 바빠지기 시작하였습니다. 머지않아 비가 내린다는 일기 예보가 있었기 때문입니다.

농부들은 신부의 신방을 준비하듯 겨우내 버려졌던 땅을 쟁기로 갈아 부슬부슬하고 깔끔한 모판을 만들어 놓았습니다. 그리고 기대를 품고 여린 고추 모종을 정성껏 심었습니다. 그리고 밤새 단비를 기다리다 대지를 적시는 빗소리를 들으며 잠들었습니다. 오전 내 내리던 비는 벌써 뿌리를 내린 모습처럼 생생하게 세워 자리를 굳건히 해 놓았습니다.

다시 하늘에 햇살이 밝아옵니다. 봄비가 지나 간 샛길에는 어디선가 짙은 향기가 나그네의 발길을 붙잡습니다. 얼굴을 내민 햇볕에 눈이 부시도록 반짝이던 신록 위로 나비처럼 하얗게 무리

지어 피어 오른 찔레꽃들의 등장이었습니다. 구름 뒤로 숨었다가 깜짝 나타난 듯 부전나비 부부가 어느새 꽃 위에서 춤을 추고 있습니다. 마치 그동안 모르게 감춰두었던 비장의 실력들을 생기로 향기로 드러내듯 강렬한 생명이 펼쳐집니다. 자연의 오묘한 섭리는 낙심하거나 포기하지 말라고 이루어내는 거룩한 약속처럼 감춰진 생명력의 존재감을 드러냅니다.

중국 북송北宋시대의 당송팔대가唐宋八大家로 문호이며 시인인 뛰어난 학자였으며 정치가로 알려진 소동파蘇東坡의 글에 흉유성죽胸有成竹-가슴 흉, 있을 유, 이룰 성, 대 죽이란 유명한 말이 전해 옵니다.

당대에는 많은 사람들이 그림을 좋아하던 시대입니다. 그런데 많은 사람의 그림보다 문여가(문동)라는 사람의 대나무 그림은 사람들로부터 최고로 인정받았습니다. 그의 대나무 그림을 보노라면 마치 그림 속에서 대나무 가지가 부딪히는 바람 소리가 나고 땅을 뚫고 쑥 올라오는 죽순의 모습이 살아있게 보여졌기 때문입니다.

특히 그 당시 명인이던 소동파와 사마광이 문여가(문동)를 존경하였습니다. 같은 시대 시인이던 귀래자歸來子 조씨[晁補之]는 그와 친해서 그의 그림 그리는 모습을 옆에서 보는 것을 좋아했다고 합니다.

어느 날 한 청년이 귀래자 조씨에게 찾아와 묻습니다. 그 전설적인 대단한 화가인 문동의 그림은 과연 어떤 경지입니까? 그는 4자로 시를 지어 대답합니다. "흉유성죽胸有成竹이라" 먼저 그는 살아있는 대나무 밭을 거닐며 살아있는 대나무와 대숲을 자신의 가슴에 품어 그렸다고 합니다. 그리고 그 가슴의 그림을 꺼내어 화폭에 옮긴다는 것입니다. 그의 집 주위를 온통 대나무 숲으로 이뤘는데, 대나무 숲을 거닐면서 그리고자 하는 대상과 정경을 마음에 담아 두었다가 돌아와 대나무를 거침없이 그렸습니다.

농부의 가슴에는 이미 풍요로 가득한 결실의 그림을 그리고 있습니다. 그리고 일기예보를 들으며 이미 생명수 같은 단비로 소생 하여 살아날 모종을 가슴에 이미 그렸을 것입니다.

다만 오늘 아침에 찔레 향기가 가득한 샛길에서 이제야 향기를 발견하고 생기 넘치는 고추밭을 바라봄이 아닌 농부는 위대하고 행복한 꿈을 가슴에 그리는 선각자 같이 느껴집니다. 유명한 화가 빈센트 반고흐Vincent Willem van Gogh도 그의 작품 세계를 말하면서 "First I dream my painting, then i paint my dream." "먼저 나의 그림을 마음에 그리고, 그 다음 그 마음에 꿈을 그린다." 환자는 건강 회복을 기다리며 퇴원 날 입을 옷을 준비합니다.

열심히 공부하고 시험을 치른 사람은 합격하고 나아갈 미래를 가슴에 품습니다. 군인은 제대 후의 행복한 사회생활을 가슴에 품습니다. 자연은 미래를 준비해주는 실망시키지 않을 꿈의 그릇입니다.

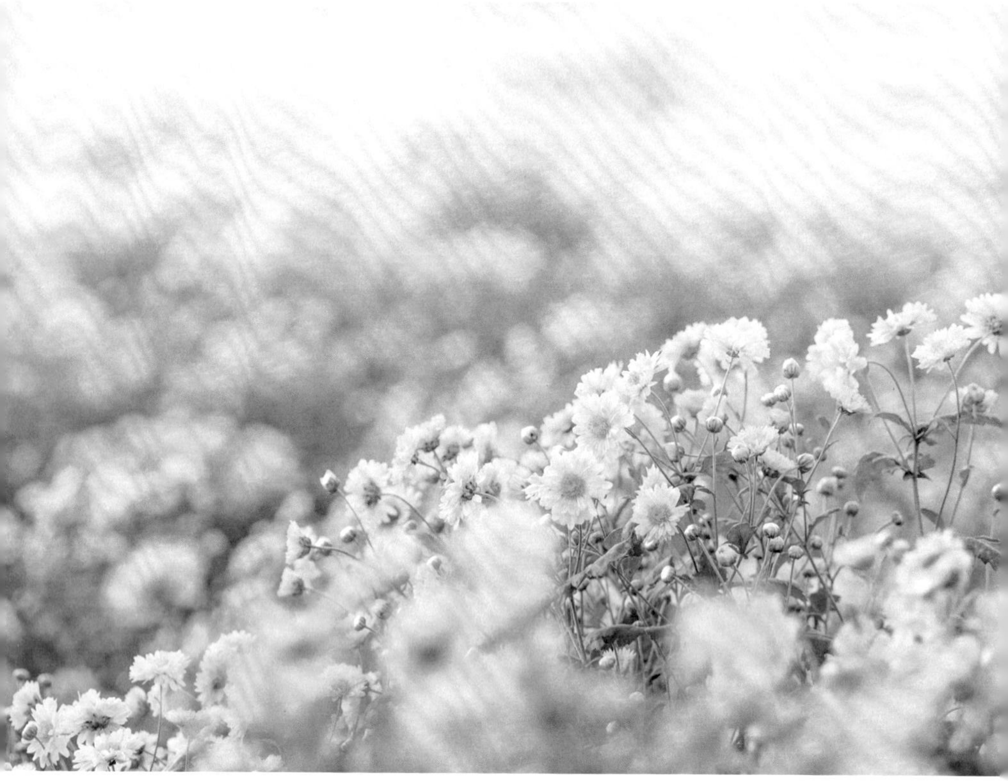

夏

숲길을 울리는
뻐꾸기의 노래

몽돌 해변에서

아침을 머금은
뻐꾸기의 노래가
벌써
동창을 밝히며
하늘을 열어 놓았다

밤새 몽돌에 새겼던
기나긴 고백은
햇살 앞에
부끄러워 다 닦아
지워버렸다

찔레꽃 하얀 꽃잎만
찢어버린 편지가 되어
새벽바람을 타고
님 대신
바다를 향해 날리어 간다.

© 허은자

뻐꾸기 우는 언덕

깊은 숲
골짜기를 흐르는
메아리 된
뻐꾸기의 구애에
안개 속에 숨은 아침이
떨리는 가슴으로 깨어납니다.

희미한 가지 위
허리를 두드리며
깨어 놀란 멧비둘기는
쉰 목을 풀며
그리움의 기지개를 폅니다.

희미하게
사라져가는
숲 속의 언덕 위에는
하얀 구름이
그리운 물결이 되어

다시
고요의 강물로 흘러 내려옵니다.

하얀 종이배를 띄우며

한층 더 높아진 구름 위에
보랏빛 동심 살짝 꺼내어
종이배에 적었습니다.

하늘 저편
여전히 푸르른
설렘이 머무는 미지의 항구
소녀가 살고 있는
저편 동화의 나라를 향해서

부두에 부딪치는
먼 길 다녀 온 하얀 파도는
감추어 둔 심장의 진동을 따라
간간한 노래를 지어
목 쉰 뱃노래를 부릅니다.

숲 속의 고백

어린 솔잎 끝에는
영롱한 물방울이
아침 햇살을 받아
보석이 되어 반짝입니다.

밤을 새운 꿈 속의
고결한 고백이 모여
숲 속의 아침
열매가 되어 열렸습니다.

조바심 난 가슴
혹여 바람이 불어 사라질까 봐
발끝을 들고 바라봅니다.

님의 체온

님께서
지나가신
익숙한 숲길에
오늘도
하얀 아침이 열린다.

님의
숨결이 남은
작은 풀잎 끝은
아직도
가늘게 하늘거리고

님의
체온이 남은
젖은 잎사귀 위론
살포시
하얀 증기되어 피어오른다.

님의
가슴에 살던
고운 참새 한 마리
호젓한
숲길의 꽃 되었다.

© 이성은

긴 이야기

붉은 하늘 밑
어두워지는 숲 속엔
섞여 버린 새들의 울음소리에
하루 해가 저문다.

먼 산 너머 아랫마을
홍부댁 막내는 장가를 가고
신작로 옆 새로 지은
저금 난 새댁의 얼굴엔 미소가 번진다.

날개 깃 다듬고
도닥거리는 가지 밑
산자락 땅 거미 따라
수선스러운 하루가 길어져 간다.

오늘도
하루의 긴 이야기가
어둠 뒤로 숨어 버린다.

© 허은자

참새의 아침

달궈진 열기를
밤이 식혀 주었듯
가득 적신 이슬이
아침을 맞는다.

햇살 찾아온 숲 속
작은 옹달샘에는
참새 한 마리 날개 샤워하며
쉰 목을 적신다.

축여진 목청을 타고
시원하게 흐르는
희망의 맑은 노래는
하얀 보석되어 힘차게 빛난다.

조용한 아침
홀로 걷는 숲길에서
선한 자연의 순수한 노래를 배운다.

야래향夜來香

누군가 열어 둔 향주머니 때문일까
밤바람에 살랑살랑 은은히
가슴을 흔들며 찾아 왔습니다.

분 냄새 짙게 바른 여인 때문일까
등잔 아래로 흔들리는
불빛 그림자도
취해 버렸습니다.

두근거림에 잠 못이루고
달빛에 맵시 고치어 입고
가슴 움켜쥔 여름밤 시간은
아쉽게 밝아옵니다.

오늘 밤 데워진 대지 위에다
뜨거운 야래향夜來香 먹을 고아서
사랑의 연시戀詩를 적어봅니다.

호복하게 비가 내린 날

좁았던 대문 곁 울타리를 헐고
입구를 넓히려 하던 그 날
가장 신경 쓰이는 큰 일은
울 밑의 작은 꽃밭을 옮기는 일이었습니다.

황금빛 봄처녀 수선화,
이제 누렇게 줄기마저 죽어 버렸지만
내게 찾아 온 그 사랑, 쓰담쓰담 고마워
새 땅으로 정성껏 옮겨 줍니다.

아직 얼굴도 내밀지 못했지만
머지않아 피어날 꽃무릇 알뿌리도 모으고
방긋방긋 웃으며 피어난 여린 튤립도 깨워서
새로운 자리로 곱게 이사해 주었습니다.

아침부터 내려다보던 예쁜 하늘은
내 마음을 아는 듯 가슴을 열어
동그란 보석 물방울이 되어

호복하고 흥건하게 새 집 위에 내려줍니다.

마음까지 심겨진 이사 온 꽃잎 위로
다시 피어날 내일의 밝은 얼굴 그리며
내 마음처럼 촉촉하게 적셔주었습니다.

© 허은자

중석몰촉中石沒鏃의 정신으로

또 비가 온다고 합니다. 며칠 째 새까만 구름을 몰고 온 성난 하늘은 '하늘에 구멍이 뚫렸다.'는 어르신들의 말처럼 가뭄에 억울한 그동안의 원한을 풀어 버리는 듯 무섭게 장대비를 쏟아 놓았습니다. 잠시 비춰오는 햇빛에 고개를 들어 보면 곧 몰려오는 장마 구름은 우리 마음까지 촉촉하게 적셔 놓아 우울한 시간을 보내게 합니다. 꽤 자란 들판의 벼는 장마가 몰고 온 무섭게 불어오는 바람에 도리어 춤을 추듯 물결을 만들어 내며 며칠 새 많이 자란 자신의 모습을 뽐내듯 자랑하며 보여주고 있습니다.

우리 일상에 집중력은 우리의 능력을 초월하는 결과를 가져옵니다. '이광'이라는 한나라 때 유명한 장군이 있습니다.

어느 날 사냥을 나갔다 돌아오는 길에 길을 잃어 깊은 숲 속에 방황하다가 호랑이를 만났습니다. 그는 정신을 집중하여 활 시위를 당겼습니다. 그런데 호랑이는 꿈쩍도 않고 그대로 있었습니다. 그래서 조심해서 호랑이에게 가까이 다가서 보니 그것은 호랑이가 아니라 바위였습니다. 그런데 놀랍게도 바위에 자신이 쏜 화살이 박혀있는 것이었습니다. 그래서 나중에 몇 번이나 힘써 화살을 그 위에 쏘았지만 화살은 바위에 박히지 않았습니다. 이 일로써 중석몰촉中石沒鏃이란 사자성어가 탄생한 것입니다. 집중하면 바위에도 화살이 박힌다는 것입니다.

장마 속에서도 가을의 열매를 준비하는 벼논처럼 우리는 우리 일에 더욱 집중력을 유지하여야 합니다. 요즘 모든 일에 집중하기 힘든 시대를 살아갑니다. 이런 저런 이유와 핑계가 우리의 정신을 흩어 놓습니다. 오늘 나에게 다가온 소중한 기회와 사명을 붙들고 정신을 차려야겠습니다.

초등학교 시절 아침이 되면 담임 선생님은 무거운 출석부를 들고 교실로 들어옵니다. 그리고 그 학생 한 명 한 명 이름을 부릅니다. 내 차례가 오기 전부터 바짝 긴장하며 준비하다가 겨우 한 글자 "네"라는 대답을 하던 때처럼 최선을 다한 모습으로 흘러가는 세월에 대답을 던지고 싶습니다.

온 대지의 식물들이 자기를 불러 달라는 듯 무럭무럭 자라서 바라보는 것 같습니다. 고개를 돌려 "너 참 곱게 피었다." "너 참 많이 컸구나."라며 눈빛을 보내 봅니다. 어떤 나무는 쑥쑥 자라서 집을 짓는 기둥이나 서까래로 사용합니다. 그러나 대들보는 모진 비바람과 옹이가 난 나무를 사용하는 법입니다. 왜냐하면 단단하게 자랐기 때문입니다.

우리 인생도 비록 옹이가 많고 시련이 있어도 나를 대들보로 쓰시려 준비한다고 생각하고 힘을 내야 합니다. 사실 사회적으로 훌륭한 인격을 소유한 사람은 대부분 인생의 우여곡절을 겪었습니다.

거대한 파도가 몰려와도 해안의 모래사장은 파도를 잠재워 돌려보냅니다. 그 모래사장의 모래는 커다란 암석에서 깨져 나왔습니다. 그러면서 깨지고 또 깨지면서 아픔을 경험하고 부서져서 무너져 내리지만 결국 빛나는 모래알을 만들어 냅니다. 그리고 모래알은 거대한 바위로 만들 수 없는 콘크리트가 되어 높은 건물을 만들고 아파트을 세웁니다. 또한 반도체의 중요한 재료가 모래알에서 나오고 유리 재료도 만들어집니다. 모래시계의 모래알처럼 자꾸만 아래로 흘러가는 세월 속에 다시 돌려 높은 자리로 사람들은 세워 새롭게 출발합니다.

기나긴 장마 속에 도리어 푸르게 자란 벼 논 속에서 깨지고 부셔져서 낙심하고 절망하기보다 바위에 화살이 박는 집중력으로 풍요로운 가을을 준비해 보아야 할 것입니다.

잃어버린 감사를 찾아서

지루한 장마와 함께 머물러 선 것 같은 시간은 훌쩍 흘러서 여름의 정점을 찍고 있습니다.

해마다 여름이 되면 다가오는 장마지만 올해의 장마는 유별나게 많은 상처를 주고 지나갑니다. 이제는 동남아처럼 장마가 오는 계절을 우기라는 이름으로 정해야 한다는 전문가들의 논의가 있습니다. 장마가 정기적으로 찾아와서 극성을 부리고 지나가기 때문입니다. 날씨를 핑계를 대며 운동을 쉬다가 그동안 찾지 못한 마을 뒤 폭포를 방문하였습니다.

오랫동안 가물어 마른 먼지가 날리던 솔 숲 사이에는 때맞춰 불어오는 솔바람에 마치 장마로 많아진 수량 덕분에 고장났던 기계가 작동하듯 더위를 몰아내고 힘찬 폭포수 소리가 산을 진동하고 있습니다.

물맞이 계곡은 우리 고장의 유일한 계곡입니다. 평상시엔 물이 거의 흐르지 않다가 간혹 비가 내리면 메마른 절벽에 폭포가 생기고 계곡물이 흐르는 특별한 계곡이며 폭포입니다. 물맞이 폭포라는 이름의 뜻을 고증이나 학문적으로 살펴보지 못했지만 더위에 지친 사람들이 시원한 물줄기를 기대하며 달맞이 하듯 간절함으로 기다리다가 장마와 함께 쏟아져 내리는 물줄기에 힘든 노동으로 생긴 근육통을 풀어주는 폭포였을 것입니다. 물을 맞으면서 동심으로 돌아간 아낙네들의 모처럼 긴장이 풀린 웃음소리와 신나는 물장구 소리가 들리는 듯합니다.

건강 때문에 시작한 산행이지만 멋진 석양을 더 가까이 보고 싶은 마음에 산정山頂을 향하고 있습니다. 우리는 때로 단순한 순수의 모습에서 거기서만 만나는 감동을 느낍니다. 문명의 발달과 풍요로운 삶은 선택의 여지가 없던 단순함에서 다양함으로 복잡한 선택의 현장에 우리를 세워 놓았습니다.

백화점의 다양한 상품 속에, 식당의 메뉴판 속에, TV의 수많은 채널들 속에 손가락의 작은 터치 하나로 언제든지 마음대로 바꾸어 버립니다. 이런 삶은 우리를 진지함과 꾸준함보다 감각적이고 즉흥적인 삶으로 만들어 버립니다. 이러한 우리는 행복을 놓쳐 버리고 살아갑니다. 우리 주변에는 자신이 힘들고 고달픈 삶을 살고 있다고 생각하여 행복하지 못하다고 생각하는 사람들이 의외로 많습니다.

최근 뉴스에 유엔이 발표한 금년도 '세계행복지수'를 살펴보았습니다. 그랬더니 우리 대한민국은 137개 국가 중 57위였습니다. 이것은 경제 협력 개발기구(OECD) 회원국 중에 꼴찌에서 네 번째입니다. 그래도 2021년 62위, 2022년 59위였는데 점점 좋아지고 있다고 나라에서는 선전합니다. 그러나 국민 자신이 실제로 느끼는 체감 행복지수는 조사국가 137개 국가 중 118위였습니다.

그 배경에는 자살률이 현저히 높아지고 있다는 것입니다. 한국의 자살률은 세계 3위라고 합니다. 이는 사회 속에 고립이라는 문제를 만들어 낸 것입니다.

어느 지방 신문사에서 "지금 당신이 어려움을 당한다면 도와줄 사람이 있습니까?" 이 질문에 응답자 47.5%는 절반 정도는 '가족이나 친지'라고 대답했습니다. 그러나 23.8%는 '없다'고 털어놨다고 합니다.

이는 삶이 삭막하고 막막하고 힘들고 어렵다는 것입니다. 힘겹던 나그네길에서 감사와 순수로 채워져 흐르는 폭포수에게서 감사를 찾아 혼자 걷는 길에 작은 나무에게 "잘 살았니? 오늘 무지 덥다. 너도 힘들었지?" 하고 중얼거리면 나무는 여전히 그 자리에서 잎사귀를 흔들며 친구로 맞아줍니다.

© 허은자

드론으로 농약 하는 시대가 되었습니다

오동나무 잎사귀를 울리며 계곡을 메우는 매미의 쉰 노래가 종일 멈추질 않는 오후, 아직 해는 중천에서 내려올 기미가 보이지 않습니다. 이미 입추도 지나고 시간은 흘러 가건만 더디 오는 계절은 아직도 여름의 경계를 넘지 못하고 있습니다.

여리디 여리던 모를 심으면서 언제 쌀밥 먹겠냐? 싶었던 들녘도 이미 벼꽃이 올라오며 추수의 카운트다운을 알리고 있습니다. 추석을 며칠 남겨 주지 않았건만 과육이 성숙하지 못한 과수원은 그야말로 시간과의 전쟁에 돌입한 듯 농부의 한숨 소리가 깊어져만 갑니다. 한낮의 온도는 아직 사람의 체온을 웃돌지만 아침·저녁으로는 그래도 제법 서늘한 바람도 찾아옵니다.

지난 여름 폭염 속에서 전라북도 새만금에서 '세계스카우트잼

버리대회'가 열렸습니다. 여러 가지 일들로 문제도 많았지만 도리어 전 세계에 우리 국민의 저력과 우월한 한국 문화와 한국인의 위기 대응 능력을 극대화했다는 평가를 받았습니다. 이른바 합력하여 선을 이룬 것처럼 참가자들의 입에서 도리어 더 좋은 의미와 경험을 하게하는 대회였다고 말할 정도로 아쉽지만 마무리가 되었습니다.

이번 잼버리 대회는 '제41차 세계 스카우트 총회'가 열렸던 2017년 우리 대한민국이 개최국으로 확정되었습니다. 잼버리는 세계 150여 국가가 참여하고 수만 명의 청소년들과 그 청소년을 지도하는 멘토들이 참석한다는 것으로 올림픽이나 월드컵 다음으로 개최 경쟁이 치열한 대회입니다.

이번 대회는 날씨와 태풍의 북상 등으로 새만금을 떠나 전국적으로 흩어져서 진행되었습니다. 그중 이목을 끌었던 행사 하나가 부산 광안리 해수욕장에서 열린 8·15 광복절 기념 드론쇼였습니다. 광안리 백사장 위 하늘에 우리나라 역사와 우리 문화를 그려내고 독립운동과 안중근 의사의 손 도장 그리고 태극기 등 아름다운 드론을 이용한 영상의 연출에 수많은 사람들을 충분히 감동시켰습니다.

이미 잼버리에 참여한 세계 청소년들에게는 우리나라의 K-POP이나 IT분야의 발전을 알고 있었기에 효과도 극대화되었습니다. 언제부터인가 우리 곁에 너무 가까이 와있는 드론은 이제 우리 생활의 일환이 되어가고 있습니다. 드론이란 생소한 이름은 꿀벌의 수벌 이름 드론Drone에서 유래합니다. 날개가 돌아가는 소리가 흡사 벌이 날아가는 날갯짓 소리 같아 붙여진 이름입니다. 원래 사격용 과녁이었던 것이 이제 새로운 문화적 기계가 되었습니다.

처음에는 촬영 드론을 보면서 신기해 하다가 이제는 우리 곁에 각종 생활의 전문적인 드론이 개발되므로 드론으로 안 되는 것이 없는 세상으로 발전하고 있습니다.

우리 지역에는 드론으로 이미 곡식의 씨앗이나 비료 시비 그리고 농약을 살포하는 회사가 세워지고 들판에는 농약을 하는 드론들이 하늘을 날고 있습니다. 컴퓨터의 발전, 자동차의 발전, 기계문명의 발전 중 드론이라는 소형 날틀의 발견은 몇 천 원짜리 장난감 드론으로 부터 고가의 전투용 드론과 농업용 드론 그리고 드론 택시 등에 이르기 까지 이제 드론은 못할 것이 없는 다른 차원의 공간을 지배하는 지배자로 등극한 것입니다.

매미 소리와 드론의 날개 소리가 맞서는 여름이 가는 들녘에서 소로 쟁기질하고 손으로 모내기 하던 들판의 변화해 가는 풍경을 상상해 봅니다. 다 변화되어 가는데 나만 아날로그analogu의 우물 안에서 고리타분한 고서古書의 먼지를 털고 앉아 있지는 않는지? 정신을 차려 봅니다.

다시 찾아와 준 고마운 벌에게

갈아 놓은 다랑이에 겹겹으로 활짝 고개 내민 진분홍빛 자운영 위로 슬그머니 보슬비가 지나갔습니다. 살짝 고개 내민 앞산도 부끄러운 듯 자욱한 우윳빛 안개 뒤로 숨어 버리고 무대의 공연을 기다림처럼 고요한 계곡에는 긴장이 흐르고 있습니다.

어느 새 짙어져 버린 잎사귀 사이로 초롱처럼 얼굴을 내민 아까시 하얀 잎 다래는 짙은 향기로 벌들을 불러 모읍니다. 양봉을 하는 지인은 벌써 며칠 전 벌통을 싣고 밀원을 찾아 여행을 떠났습니다. 보기만해도 무서워 도망가고, 맛있게 먹기만 하던 벌꿀이 자연이 준 생태계의 신비한 보물이라는 것을 알게 되었습니다.

꿀벌과 대화가 된다면 물어 보고 싶은 궁금증이 있습니다. 만물의 영장 인간은 자주 가던 길도 때론 주변 환경의 변화나 나이가 들면 그 길을 잃어버립니다. 더구나 새로운 장소로 이사를 가면 익숙해질 때까지 고생합니다. 양봉하는 분들은 벌통을 밤중에 이동합니다. 그런데 바로 다음날 거기에서 지리 공부나 답사도 없이 벌들은 바로 꿀을 모아 자기들의 집으로 정확히 돌아옵니다. 모든 생태계는 근본적으로 약육강식의 논리대로 공존한다고 합니다. 그 중 가장 사회적이고 조직적이며 일사불란한 공동체를 운영하는 수많은 동물 세계와 생물의 개체 중 벌과 개미를 으뜸으로 꼽는 분들이 많습니다.

꿀벌은 여름에 약 5만 마리, 그리고 겨울에는 2만 마리가 함께 모여 조직적이며 합리적인 공동체를 형성합니다. 거기에는 오직 유일하게 알을 낳으며 번식과 우두머리로서 몸집이 제일 큰 여왕벌, 또 외역벌이 열심히 나가 모아 온 꿀과 꽃가루를 보관하고 벌집의 위생을 유지를 위해 청소하고 밀랍으로 집을 짓는 임무를 맡은 내역벌과 애벌레를 키우며 꿀 1리터를 모으려고 2~5만 번을 꽃에 다녀와 벌꿀을 모으는 외역벌이 있습니다. 일벌은 외부로부터 적이 침입하면 최선을 다해 자기 온몸이 찢기며 목숨을 바쳐 공동체를 지킵니다. 일벌의 수명은 보통 3월에는 35일 또는 6월에는 28일, 정도이며 9월, 10월과 겨울을 나는 때는 몇 개월까지도 생존한다고 합니다. 날아다니는 용도라고만 생각했던 벌들의 날갯짓이 서로 정보를 공유하고 전달하는 의사소통의 방법이라고 알려지고 있습니다.

지구상에 연구된 정해진 단위 공간에 가장 많은 양을 저장, 관리하며 견고한 구조물이며 가장 아늑한 구조는 육각형 기둥이라 합니다. 그 육각형 기둥으로 서로 연결된 벌집은 견고하며 안전한 애벌레를 키우는 인큐베이터incubator이며 많은 꿀을 저장하는 구조물로서 벌들은 설계도나 잣대도 없이 정확한 크기와 모양으로 집을 만들어 냅니다. 그러한 벌들과 그들의 공동체는 아직도 열리지 않은 최고의 신비함을 가진 비밀상자라고 합니다.

최근 전국적으로 약 40%나 벌들이 사라졌다고 합니다. 미국도 2차 세계 대전 때 600만 통이던 벌통이 지금은 절반도 안 된다고 합니다. 전문가들은 꿀벌의 사라짐의 원인을 환경의 변화와 무분별한 살충제 남용, 그리고 잘못된 양봉 방법 등을 지적합니다. 만약 꿀벌이 사라지면 35%나 꿀벌이 맡아 준 농사의 수분과 생태계에 메커니즘mechanism에 연쇄적인 악영향을 미쳐 곡식 즉 식량도 과일도 사라집니다. 아울러 동물과 인간의 생존이 위기를 맞을 것입니다.

활짝 핀 아까시 꽃타래 아래로 소중한 의미를 지닌 진객들이 모여옵니다. 다시 찾아와 줘서 반갑다 소중한 손님을 맞아 인사를 나누며 감사와 안도의 노래를 불러봅니다.

차 한 잔에 우려 낸 따뜻한 마음

황금빛으로 익어가는 보리밭 언덕 위로 하얀 향기를 날리는 찔레꽃이 깊어 가는 하루를 걸어가는 나그네의 발걸음을 붙듭니다.

어느 새 늘어난 잿빛 새끼 꿩들을 이끌고 나온 어미는 보리밭 사이로 숨어 버렸습니다. 내리는 초하初夏의 햇살은 생명들을 일깨워 영글어가게 합니다. 나이가 다 되어 만난 한 지인의 취미는 차를 마시는 것이라 했습니다. 주로 녹차 아니면 중국의 보이차라는 이름 정도 알아온 내게는 정말 특별한 일이었습니다.

언제 부턴가 우리의 만남이나 모임의 문화가 과거에는 식사하고 술을 마시던 문화에서 식사 후 식당에서 주는 간단한 차나 믹스 커피를 마시던 것이 이제는 의례적으로 카페로 이동하여 커피 한잔 나누며 담소하는 식문화 전통이 되었습니다.

우리 지역에는 해마다 조선차朝鮮茶를 주제로 전통 축제를 진행하고 있습니다. 행사 때가 되면 우리 전통차를 만들거나 마시는 체험을 하는 프로그램이나 공연 등이 진행됩니다. 이 축제는 서양의 음료 문화보다 더 우월하고 깊은 만남과 품위가 있는 우리 차의 우수성을 알리는 데 목적을 가지고 있습니다.

원래 차의 기원은 중국 쓰촨[四川]성과 티베트의 고산 산악지대에서 자라는 차나무로 부터 시작된 것으로 알려져 있습니다. 차는 음료로 사용한 후 진시황 때 전국적으로 퍼져 나갔습니다. 귀족들은 떡처럼 만들어 마신 병차와 덖은 차를 마시기 시작 하였습니다. 차가 사람의 몸의 긴장을 풀어주고 따뜻하게 하며 우리 마음을 시원하게 하는 효과를 알아 가면서 소비는 점차 확산되어 중국 문화와 일상생활의 필수적인 부분이 되었습니다. 독점으로 차를 재배하던 중국으로부터 육로로 차를 수입한 나라인 한국, 러시아, 이란은 광동성 발음으로 차cha라고 부르고 해로로 수입한 유럽나라들은 복건성 발음인 티Tea라고 불렀습니다.

우리나라에서도 유행하는 말차는 찻잎을 가루로 만들어 뜨거운 물에 타서 마시는 방법으로 송나라 시대에 시작되어 퍼져 나갔으나 일본을 제외하고 맥이 끊겼다고 합니다. 다원에서 따온 차 잎을 '덖어(roast)' 만든 엽차葉茶를 맑은 물로 우려내어 마시는 포다법泡茶法은 오늘까지 보편화된 음용방법입니다. 이 차의 전래 무역은 유명한 차마고도茶馬古道, Ancient Tea Route라는 무역로를 만들어 냈고, 그 당시 무역회사인 동인도회사가 독점으로 차를 유럽 전역으로 공급하여 '신비한 선비들이 마시는 차' 또는 '약'으로 알려지며 전파하였습니다. 당시 차 500g이 2.5파운드(일반 하인의 1년 연봉)라는 고가에 거래되었다고 합니다. 또 유럽으로 수출되면서 오랜 시간과 적도를 지나는 과정에서 찻잎이 산화되면서 홍차가 생겨나 호평을 받았고, 18세기 이후에는 보이차라는 발효차가 큰 인기를 끌었습니다.

바쁜 현대인들에게 카페에 앉아 마시는 커피 한 잔의 여유도 멋진 일입니다. 또 자연을 벗 삼아 다기를 펼쳐 놓고 팽주 앞에 엄숙히 예를 갖추어 앉아 따뜻한 마음으로 나누는 차담회는 우리 정서를 풍요롭게 하고 회복시키는 치유의 시간이 될 것입니다. 차 한 잔을 우려내며 시 한 수 읊어 봅니다.

초의작설 // 왕산의 초록빛 숲 속 / 대지의 숨소리는 / 짙은 차향으로 하얗게 피었다 // 차 잎들이 속삭이는 / 추의의 기억은 / 해풍을 타고 산곡 따라 흐른다 // 천지의 심오를 덖은 / 雨前(우전)의 부드런 체온은 / 어루고 만져 내 심연으로 스민다.

© 허은자

꽃이 피면 생각나는 사람

신록이 짙어가고 녹음이 어느 새 깊어가는 도로변에는 하얀 이팝나무 꽃들이 흐드러지게 피어 있습니다. 흔히 장미의 계절이라 하여 초여름의 색깔은 붉고 향기로움입니다. 그러나 이 열정적인 붉은색 못지않게 우리 주변을 밝히는 계절의 색감은 백색입니다.

이팝나무가 수줍게 꽃을 피우더니 덩달아 아까시가 가로수 되어 어린 시절 먼지 나던 신작로 길의 향기는 어린 소년의 초롱같은 아까시의 추억을 소환합니다. 오고 가는 길 새로운 콩 꽃 같은 꽃을 간식처럼 입에 넣기도 하고 잎사귀를 따면서 "된다. 안 된다. 된다. 안 된다." 마음 속에 염원하는 내 소망을 합리화하기도 하고 가위 바위 보로 꽃잎을 따내며 동무들과 어울렸습니다. 그러다가도 심심하면 큰 아까시 가시 하나 조심히 따서 코 끝에 붙이고 코뿔소 마냥 서로 보며 으르렁되기도 했습니다.

사람에게 추억을 불러일으키는 수단들이 있습니다. 대부분 그 것들은 오감을 통해 기억하는 것입니다. 엄마가 급하게 만들어 주신 겉절이와 반찬들은 더 비싼 재료와 풍부한 현대식으로도 찾을 수 없는 우리 영혼과 정신까지 치료하는 행복한 소울 푸드가 되어 마음을 치료합니다.

그 중 하나가 음악입니다. 그 시절 들었거나 불렀던 추억의 멜로디가 우리를 가슴 떨리는 현장으로 타임머신을 타고 "백 투더 퓨처"Back to the Future가 되게 합니다. 또 하나가 있다면 향기입니다. 요즘 이런 향기를 동원하여 정신과적인 치료 기법인 아로마 테라피 요법이 있습니다. 이 향기는 추억의 순수한 동심의 세계로 이끌기도 하고 굳어져 쌓인 스트레스를 부드럽게 풀어주기도 합니다. 익숙한 향기는 사람의 감정라인을 깨워져서 기분과 신체적인 변화도 가져오고 정신적인 평안도 그리고 정서적인 안정도 가져 옵니다.

또 하나, 색깔을 통해 느끼는 시각입니다, 우리 정서에 어울리고 닮은 색은 백색입니다. 우리의 어린 시절은 화려하지 않던 무채색 하얀 세상이었습니다. 정장에는 흰색 두루마기가 품격을 돋았고 흰 떡과 흰 밥은 사치스러운 자부심이고 자랑이었습니다. 이상하게 그래서인지 우리 전통의 고유 나무에는 찔레꽃, 아까시 등 흰 꽃 피는 나무가 유난히도 많은 편입니다.

44년 전 1980년 5월 18일 미국의 워싱턴 주 근교 스카마니아

활화산인 세인트 헬렌산Mount St. Helens이 폭발하였습니다. '하얀 아까시와 이팝나무' 활짝 핀 것 같은 날 우리 고장에서는 우리 조국의 아픈 역사가 있었습니다. 그날 민주주의를 지키려는 꽃 같은 젊은이들은 거리의 꽃이 되었습니다.

우리 인생에도 기억나게 하는 그날이 있습니다. 파란만장한 인생 길에서 실패를 당하고 질병과 배신과 절망과 좌절로 인해 슬프고 낙심 되었던 어두운 밤, 슬픈 비가 내리던 그날이 있었습니다. 또 어둠이 걷히고 찬란한 여명이 밝혀지고 희망의 햇살이 떠오르는 햇빛 환한 날이 있었습니다. 그리고 언젠가는 분주한 우리의 사명이 끝나는 날, 즉 마지막 날이 다가오고 있습니다. 그날을 위해 오늘 우리는 순백의 꽃을 피워 가슴에 새겨야 합니다. 『In the Heavene』(천상인)이란 책을 쓴 '아이론 싸이드'의 글에 영국의 여왕 엘리자베스 1세를 암살하려고 한 여인이 남장을 하고 왕궁에 들어갔다가 체포되어 사형선고를 받았습니다. "여왕 폐하 저에게 은총을 베풀어 주세요." "그래, 내가 너를 살려준다면 그 대가로 무엇을 하겠느냐?" "폐하 저에게 생명 주신 분은 조건이 없습니다." 그때 여왕은 이 말에 감동을 받아 조건을 걸지 않고 무조건 석방했고 그는 목숨 걸고 여왕을 위해 끝까지 충성했다고 합니다.

아까시 하얀 꽃 향기 아래 그 날 그 사람이 그립습니다.

삼공三公도 만호후萬戶侯도 부럽지 않은 행복

구워진 벽돌이 열기를 품어 내듯 온 대지에 여름의 열기로 가득 찼습니다. 부지런한 농부의 지나간 들판에 뿌리내린 벼들은 벌써 진록으로 거름발을 받아 열풍에 하늘거리고 있습니다. 이렇게 데워진 날에 하늘은 더욱 파랗고 구름 또한 선명하고 몽실몽실하게 솜구름을 만들어 냅니다.

아스팔트 위로 올라오는 구들장 여름은 달리는 자동차마저 붙들어 지치게 합니다. 지인의 채근採根으로 억지로 나온 산책길 가에는 꽤 오래 된 호수가 있습니다. 호수 주변에는 밤꽃이 흐드러지게 피어 그윽한 꽃 향기가 온 대지에 가득하게 퍼져 오릅니다. 밤꽃 향은 사람을 그립게 합니다.

어린 시절과 고향의 동리가 눈에 떠오르며 밤 줍던 언덕의 동무들이 생각납니다. 더위에 수초마저 늘어져 버린 호수 둑에는 낚시하는 사람들이 각자 보초의 파숫대를 차지하듯 자리를 잡고 앉아서 부채살 같이 낚시대를 펴놓았습니다.

그들은 이처럼 작열하는 더위도 뜨거운 태양빛도 아랑곳 하지 않고 호수에 집중하고 있습니다. 시원한 시간도 아니고 편안한 쉼터도 아닌 무덥고 불편한 호숫가에 그들의 모습은 너무나 진지하여 옆에 지나가기조차 미안한 마음이 들었습니다. 그 모습이 '대단하다' 하면서도 낚시를 모르는 저는 '이 더위에 이런 자리에 꼭 이러고 싶을까' 하는 안타까운 자의 모습으로만 보여졌습니다. 그러면서도 이 분들의 그 놀라운 집중력에 큰 교훈을 얻었습니다.

그들에게 낚시를 통해 얻어지는 것은 무엇일까? 저 분들에게 어떠한 행복의 기쁨과 만족이 있기 때문에 이 어려운 날씨와 자리와 환경 그리고 모기 가득한 밤의 두려움을 이겨나가는 것일까?

입장을 바꿔 이해해 보려고 했습니다. 이 분들의 집중력은 마치 중국의 문호 이광이 바위를 호랑이로 착각하여 힘을 다해 화살을 날려 바위에 화살이 박혔다는 것처럼 그분들의 집중력은 무서우리만큼 강력한 중석몰촉中石沒鏃입니다.

스스로에게 질문합니다. 나는 이렇듯 무엇에 집중해 보았는가? 아니 지금 무엇에 이 만큼 집중하고 살아가고 있는가? 최근의 인생사에서 나도 저들처럼 최선을 다해 그 일로 행복에 겨워 보았는지 점검해 봅니다.

학창 시절 배웠던 집중력에 대한 글귀가 떠오릅니다. 정신일도하사불성精神一到 何事不成, 태권도 도장에도 제 책상에도 적어 놓은 이 다짐은 마음을 한 곳에 모으는데 큰 도움이 되었습니다. 지금처럼 밤꽃이 활짝 핀 계절에 율리유곡栗里遺曲에 나오는 시가 생각납니다.

도연명처럼 유유자적 자연을 벗 삼아 살고 싶다던 조선 중기 서예가이며 문인인 김광욱이 그리던 밤꽃이 피고 밤이 열리던 마을 율리栗里를 노래하여 후손에게 전해 준 「율리유곡」 제8수에 "삼공三公이 귀하다 한들 이 강산과 바꿀소냐, 편주片舟에 달을 싣고 낚싯대를 흩던질 제 이 몸이 이 청흥淸興 가지고 만호후萬戶侯인들 부러우랴." 제15수에도 "세細버들 가지 꺾어 낚은 고기 꿰어 들고 주가를 찾으려 단교斷橋로 건너가니 온 골에 행화杏花져 쌓이니 갈 길 몰라 하노라." 낚시하는 사람의 만족함이 영의정, 좌의정, 우의정, 이 삼정승 자리와 바꾸지 않으며 "만호후萬戶侯" 즉 만명이 사는 땅을 지배하는 제후보다 행복하며 또 낚은 고기를 꿰어 들고 가는 즐거운 발걸음을 인생의 보람으로 노래하고 있습니다.

이 세상에 무엇엔가 그리고 그만큼 집중하면 우리는 그를 미쳤다고 합니다. 그런데 행복하려면 유치하고 미쳐야 되는가 봅니다.

무더위 속 불편한 환경 속에서도 가득한 저들의 행복만큼, 나의 삶의 그림에서 순례자의 여정을 더듬어 숨은 그림 찾기처럼 진하고 굵게 집중한 인생의 그림 속 밝게 피어났던 주님의 행복의 향기를 찾아냈습니다.

아 나도 제법 행복한 사람이구나!

秋

붉은 마음
그대 곁으로

만추

산자락으로 흘러 온
진홍빛 물감은
다리고 모아
휘어진 가지 위에 멈췄습니다.

찬바람 섞인 햇살은
숲을 열고 가슴으로 들어와
마지막 잎새를
붉게 물들어 버렸습니다.

말라가는 잎사귀 위에는
서러운 눈물이 가득 고이고
살짝 불어 온 아침 바람결에는
익숙한 님의 향기가 흐르고 있습니다.

일기장

주여
해가 저물어 가고 있습니다
오늘도 하룻길은
너무나 아름다웠습니다.

이 밤도
주님 손 꼭 잡고
잠을 청하며 누웠습니다.

행복한 꿈나라
포근한 품 안에
촛불을 끄고
멍에의 닻을 내려놓았습니다.

종일 따라 온
다정한 달빛이
침상에 내려 함께 누웠습니다.

어느새

낙엽이 지는
숲길에는
길어진 그림자를 따라
가을이 익어가고 있었습니다.

분주한 삶
나만
눈치도 못 챘었는데 ...

어느새

슬픈 가을

저문 해
쓸쓸한 하루가
낙엽과 함께 지고 있다.

무심한 바람
매정하게
폐부에 송곳처럼 채우고

호롱불 켜둔
슬픈 밀창 너머로
달마저 벌써 멀어져 갔다.

가을 리허설

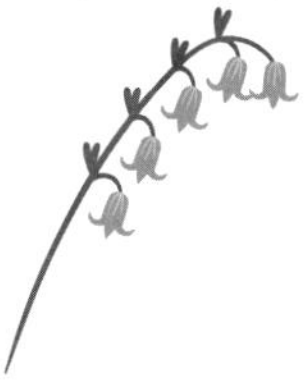

서슬한 새벽
익숙한 길 따라
오늘도 하룻길
외로이 걸어가다 보니

친구처럼
살며시 다가와
다정히 어깨 기대는
이슬 묻은 바람은
가을의 내음을 품었다.

무대 뒤 놀란 귀뚤이
리허설 중

침 삼키며 피리를 닦으며
숨 죽여 맛보기로
가을의 노래를 조용히 부른다.

곧 가을의 막이 오르려나 보다.

추석이 다가오는데

해마다
이맘 때가 되면

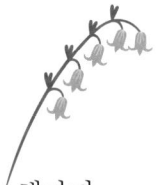

누렇게 퇴색되어
빛바랜 추억의 문이 열리고

가슴 한켠에
숨었던 그리움이
울컥 복받쳐 오른다.

여느 때처럼
방긋 미소짓고
분주하게 기다리시던 어머니

마냥 좋기만 하셨을까

부모 마음 몰랐던
둔한 자식은

고개 들 수 없는 죄송함에
마음으로 울고

이제는 아무도 기다려주는 이 없는
고향 집 그 자리로 그리움이 향한다.

작은 새

볼 비벼
여린 살신 안아 품으며

벌거벗은 수치들
깃털 뽑아 가리어 덮고

입 벌린 허기
심장 떼어 채워준 사랑

둥지 떠나 건너 온 세월

세파에 쫓기고
태풍에 곤두박질 당해
주름진 군상들

단풍도
하늘도 가슴까지
상기 된 가을 날 오후

붉은 체온 익숙한 둥지로
그리움이 모여 깃든다.

자리 비워 기다려 준
넓은 어깨에 기대어
평안한 군 내음에 젖어
깊은 잠에 빠진다.

© 이성은

존재의 고백

잊고 있었습니다.
당신이 거기 계셨다는 것을...

불쑥 올라온 점령군의 깃발처럼
화려한 꽃무릇 화관은
태고의 아름다움을 닮았습니다.

억누르고 참고 기다리던
깊고 붉은 심장을 열고
거기 피어올랐습니다.

붉게 세상을 덮고 흐르는
용솟음치는 고요한 외침
여기 있었노라고

귀향歸鄕

파아란 하늘가
조각배
한 척 띄웠습니다.

작은 배
노 저어 달려가노라면
언젠가는
당신이 계신 곳으로 닿을텐데요.

하얀 구름에
몸 포개고 마음을 실어
두둥실 둥실
당신 계신 곳에 흘러갑니다.

어느 날
먼발치 하얀 조각 한 조각
살포시 실려 오거든
당신 찾아든 나 인줄 알아 고이 맞아주소서.

지금도
마음의 노를 저어
정처 없이 흘러갑니다.

유유히 당신이 계신
바로 그 곳으로

가을비

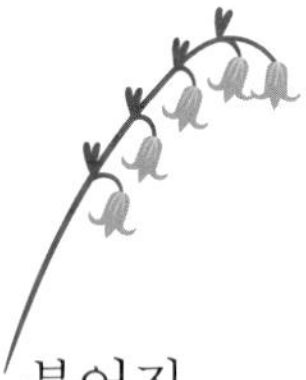

붉어진
가을 위로
밤새 비가 내렸습니다.

애기 단풍 잎새 끝으로
붉은 물이 흐릅니다.

막 깨어 난
눈동자엔
가을빛이 맺혔습니다.

떨리는 가슴도
따라 붉어집니다.

가을비는
쓸쓸한 나의 고백입니다.

가을이 된 여인

저만치
벌써 숲 속 문을 열고

상앗빛 황혼을 빌려
잔잔히 물들어 갑니다.

고결한
여울 빛 색동 물감은
여인의 옷깃을 티고
흘러내리고

하늘이 유난히 높던 어느 날
산길의 여인은
가을이 되어 버렸습니다.

님의 궁전

색동자락
산허리
안개 여울로 가리고

햇살 뒤
숨은 미소는
호수의 아침을 엽니다.

가을 빛
하늘 따라 온
수줍은 파랑새
연무 품속으로 숨어 버리는데

신비로운
수채화의 물감
회색 화폭을 채우고

여기가

님의 공간

신비의 궁전이라네.

© 이가은

폭염 속 피어난 벼 이삭에게 배운다

엊그제 들판에 심어 놓은 모들이 자라 벌써 이삭이 고개를 내미는 계절이 되었습니다. 아직도 수은주는 40여 도를 육박하는 늦여름의 더위 속에 온 산야는 지칠 대로 지쳐 있습니다. 더위 탓으로 지친 마음은 이런 저런 핑계로 우리의 활동을 이미 꽁꽁 묶어 놓았습니다. 그러나 들녘의 벼이삭은 무더위를 아랑곳 하지 않고 그동안 꾸준하게 쉬지 않습니다. 자기의 할 일을 말없이 묵묵히 그리고 최선을 다해 책임감 있고 손색없이 하고 있었습니다.

우리는 늘 만물의 영장이라 큰 소리치면서도 미물 같고 연약한 풀 같은 자연의 오묘한 섭리 앞에 무릎이 꿇어 지듯이 숙연해질 때가 많습니다. 이 세상 모든 자연 만물과 인생 역시 힘들고 어려운 난관을 지나가야 합니다. 무서리 내리는 찬 겨울 바람을 맞아야 하고 태풍과 폭우를 견디어야 합니다. 꽁꽁 얼어붙은 눈보라와 하늘을 뚫고 쏟아지는 우박에 찢기고 부러지기도 합니다. 캄캄한 밤을 지나야 하고 가파른 벼랑을 올라야 하고 수많은 질시와 방해 그리고 공격을 이겨내며 앞으로 나가야 합니다. 그러한 과정 뒤에 피어난 꽃과 열매에는 숭고한 상처가 남았지만 짙은 색감의 꽃잎과 향기 그리고 깊은 맛이 깃든 열매를 맺습니다.

인생은 고행과 고통이 따르는 힘든 과정입니다. 그래서 어떤 이들은 이 과정에 투사의 성격을 가지고 다른 곳에 화풀이 하며 공격적인 세디스트sadist가 됩니다. 전쟁을 걸고 싸움을 걸어 욕심을 채우고 남을 학대하며 쾌감과 성취감을 느끼기도 합니다.

또 어떤 자들은 스스로를 향하여 공격 대상을 자기 인생으로 돌립니다. 그래서 자학하거나 스스로 고행의 과정을 통해 현실을 탈출해 보려 합니다. 스스로의 자신의 마음의 소원을 무시하고 학대하는 이 마조히스트masochist는 공격의 대상을 자기에게로 향합니다. 이 모든 것은 잘못된 인간의 감정표출입니다. 어차피 흘러가는 세월과 인생에 모든 것이 역사의 주관자이신 하나님의 프로그램 속의 과정이라면 도리어 감사하며 의미 있고 가치 있게 그 순간들을 지혜롭게 살아가야 합니다.

기독교의 역사를 보면 초대교회 때부터 예수 그리스도의 십자가와 영원한 생명을 가진 성도들은 고난과 박해의 아픔을 경험했습니다. 정치적인 권력과 세상의 힘에 의해 조롱거리가 되고 죽

임을 당하고 착취를 당하였습니다. 사자 굴에 들어가고 화형을 당하였습니다. 로마의 지하 카타콤베에는 그 고난 속의 믿음으로 살았던 거룩한 순례자들의 흔적이 생생하게 남아 있습니다. 개미집처럼 여러 층을 만들고 세상 영광 부귀영화 쾌락보다 신앙의 진리를 지키며 그 고난의 과정을 인정하며 도리어 찬양하며 거룩한 길을 걸어간 것입니다. 무려 길이만 해도 총 900km에 달하며 600만 명이 묻혀 있다고 합니다. 창끝이라는 에콰도로의 아오라니 아우카 원주민 선교의 순교자 '짐 엘리엇'은 "영원한 것을 얻기 위해 영원하지 않는 것을 버리는 것은 결코 바보가 아니다."라고 했습니다. 서구에서 전해오는 속담 속에 졸졸 흘러가는 시냇물의 노랫소리를 들으면서 "그 강물의 흐르는 시냇물에서 돌들을 치워버리면 그 노래를 잃어버린다." 돌들은 힘들게 하는 장애물이지만 그 돌들이 있기 때문에 시냇물은 노래를 부르는 것입니다.

폭염과 폭우 무더위 속에 고개 내민 벼 이삭이 보여준 거룩한 가르침 앞에 힘들다고 억울하다고 포기하지 않고 나의 할 일을 찾아 묵묵히 감당하며 그윽한 향기 품은 꽃과 열매를 피워 내야겠습니다.

언덕을 넘어오는 가을의 선물

한여름의 열기로 가득하던 언덕배기 아래를 향해 새벽으로는 제법 시원한 기운을 담은 바람이 넘어 옵니다. 저 언덕 너머는 이미 가을이 와 있는 것 같습니다. 열리는 아침 햇살을 따라 익어가는 벼논에는 토실한 벼 알이 주렁주렁 열렸습니다.

부지런한 농부에 눈에 아침 들판은 희망이 맺혀지는 행복의 동산입니다. 농부의 마음을 아는지 모르는지 한 무리 참새는 벌써 익지도 않은 벼 알을 쪼아 먹느라 일찍이 들판으로 내려 앉아 농부의 마음을 아프게 합니다.

지난 여름은 유난히 더웠습니다. 그리고 꽃을 피워 살을 쪄야 하는 과원과 밭작물은 가장 중요한 시기에 폭우와 폭염이 찾아와서 풍년을 빼앗아 쓸어버렸건만 여전히 들판은 가을의 열매를 가득 채워 두었습니다. 존경하는 김동호 목사님의 인터뷰에 이런 내용의 유튜브를 통해 본 적이 있습니다. 어떤 프로그램에 나와서 이런 말씀을 하셨습니다.

그분이 성지 순례를 딱 한 번 가셨는데 가이드의 안내로 유대 광야를 가보셨답니다. 마치 그 가이드가 자신이 시무하시던 교회 청년이었는데 이스라엘에 유학와서 더 깊은 대화를 나눌 기회가 있었답니다.

"목사님! 광야를 히브리어로 뭐라고 하는 줄 아세요? 미드바르라 합니다." 목사님은 이 말씀을 듣는 중에 소름이 끼치듯 놀랐다는 것입니다. '다바르'가 말씀이란 뜻이고 '미드바르'란 '말씀이 있는 곳, 또는 말씀을 듣는 곳'이란 뜻이기 때문입니다.

우리가 생각하기에는 광야는 그야말로 아무 것도 없는 메마르고 척박하고 소망이 안 보이는 곳입니다. 황량하고 끝이 없는 사막과 겨우 가시 돋친 잡초와 어렵게 만난 작은 나무마저 가시투성이 뿐인 광야는 생명체 자체가 존재하기 어려운 하나님이 버린 땅이라고 생각했습니다. 그래서 광야란 절망을 품은 단어가 되었습니다. 그런 광야에는 가시도 날카롭지만 뭐든지 독하기만 한 곳입니다.

뜨거운 태양도 독하고 사나운 짐승과 배고픈 사자와 독충, 전갈 불뱀 같은 독사가 흑갈색으로 위장하고 독을 품고 기다리는 위험한 곳입니다. 광야는 변덕이 심하게 차이가 납니다. 낮에는 강철도 녹일만한 열기가 무섭고 저녁이 되면 급격히 기온이 떨어져

얼음이 어는 차가운 현장입니다. 그래서 초점을 두기 어려운 준비를 하여야 합니다.

바람이 불어오면 막힌 곳이 없으니 모래를 동반하여 모든 것을 싹 쓸어 무섭게 지나갑니다. 오늘 길이 있었던 자리에 밤새 모래산이 생겨 지형이 바뀌고 절벽이 되고 길이 사라지기도 합니다. 그래서 우리 인생을 광야 같은 변화무쌍하고 삭막한 삶이라고 표현 하면서 즐거움과 기쁨보다 항상 두려움을 버릴 수가 없는 것입니다. 몇 번이나 가졌던 희망도 포기해야 만하기도 합니다. 그러나 하나님은 거기 은혜의 샘 오아시스를 준비해 놓으셨습니다. 아무것도 바랄 수 없고 아무것도 의지할 수 없는 환경에서 '미드바르' 하나님의 말씀이 있는 것입니다. 그리고 거기에 풍요로운 가을로 접어드는 계절처럼 폭우를 지나가며 폭염을 지나고 태풍을 지나면서 광야 같은 시간 속에 나를 위해 일하고 준비하시는 하나님의 음성을 듣게 되는 것입니다.

자연은 말없는 우리의 스승입니다. 어느덧 불평의 입에서 감사와 찬송이 나오기 시작하고 낙심하고 절망하던 가슴에 소망의 싹이 피어오르고 있습니다. 혜안慧眼이 있었다면 그렇게 조바심 내지 않고 베풀고 나누고 이해하고 덮어주고 손을 내밀고 살았을 텐데 벅차게 내 걷던 발걸음으로 이미 당도해 있는 언덕 저편에 다가오는 가을의 선물이 벌써 보이고 있습니다.

© 이동식

삶의 흔적 속에서 인생의 기억을 읽는다

하얀 뭉게구름이 무섭게 데워진 하늘 캔버스에 솜뭉치 그림을 환상적으로 그려 놓았습니다. 동지섣달 긴긴 밤이란 표현의 노래를 부르면서 보내던 날이 엊그제 같은 데 벌써 북극지방에는 해가 지지 않는 날이라는 긴긴 날[日] 하지夏至를 지나 가을로 접어들고 있습니다.

마지막 남은 여름은 가을로 쉬 넘어 가지 못하고 바짝 달군 열기를 쉬 사그라지지 못해 열대야의 밤이 깊어만 갑니다. 이삭이 익어가는 들녘은 벌써 짙은 황금색으로 채워져 갑니다.

지인과 애기를 나누다가 어린 시절 이야기를 꺼내면서 물었습니다. 논농사의 추억을 더듬으며 못밥 먹어 보았냐고 물으며 못줄 잡던 일이 생각난다며 옛날이야기를 꺼냈습니다. 땔감으로 장

작개비 모아오던 일, 온 마을 사람들이 모여 모내기하고 나서 엄마 따라가서 쌀밥 먹던 기억들 그리고 보리를 불에 익혀 입에 숯검댕이 가득 묻혀 서로 낄낄 대면서 재미나 했던 보리탕(보리싸리, 밀싸리)의 추억은 잠시 우리를 어린 시절로 돌아가게 하였습니다.

지난주에 아주 의미있는 책 한 권이 우리 집에 도착했습니다. 아니 더 정확히 말하자면 그 책은 아내에게 배달된 책이었습니다. 그 책은 우리나라 역경의 시대와 제2차 세계대전 그리고 일제 36년의 고통이 끝나던 해에 태어난 이른바 해방둥이인 작가가 출판한 자서전을 보낸 것이었습니다. 그는 이런 힘들고 어려운 시대 우리 모든 민족의 삶을 대언이라도 하듯 그 우여곡절들로 진행된 삶의 단편적인 파노라마였습니다. 구한말 전라도 승주의 산촌에서 태어나 일본으로, 그리고 경상도로 이주하며 살아오고, 베트남(월남)에 파월되어 총에 맞아 죽음 직전 후송된 이후 고등학교 국어 교사로 젊음을 바친 통영의 한 교회 은퇴 장로인 허남렬 작가의 삶의 흔적이었습니다.『기억 속의 삶의 흔적』이란 책의 제목에서 상징하는 바 '흔적'이란 단어와 '기억'이란 지나간 일에 대해 머릿 속에 새겨 보관된 그의 판도라를 같이 열어보는 듯 매순간 공감하고 긴장되었습니다.

흔적signs은 무슨 일이 있고 난 후에 남은 자국trace입니다. 우리 삶에서 기억이나 흔적은 살아온 과거를 기록해 놓은 블랙박스 같은 엄숙한 보물입니다. 인생의 파란만장한 삶은 아름답든 고통스러웠던지 자신 만이 알고 기억하는 싸인signs으로 남아있는 것입니다. 마치 나무의 나이테에 선명하게 연수年數뿐만 아니라 당시의 환경과 기후, 산불, 전쟁의 흔적, 병충해 등의 역사들을 찾아낼 수 있다고 하는 것입니다.

기억으로 살아나는 이력서와 같은 새겨진 흔적 속에는 고통스럽고 힘들었던 아픔과 눈물이 고인 부분도, 가슴을 뛰게 했던 희망찼던 순간도, 그리고 감격스럽던 기쁨도 나만의 특별한 코드와 부호로 새겨져 있습니다. 이 모든 부분은 다시 돌이킬 수도 없는 재산이며 내 인생의 마이 라이프 마인 웨이my life my way였습니다. 그러므로 어느 한 부분도 지워버리거나 잘라내 버릴 수 없는 내 모습을 깎고 다듬고 벽돌 같이 쌓아 온 인생집을 지어준 과정이었습니다.

어린 시절을 꿈을 꾸게 했던 가난했던 시간들, 그리고 베트남에 목숨을 잃을 뻔 했던 죽음 직전의 순간들, 학생들과 만났던 떨리던 교육자의 삶과 지금도 가슴에 모신 사랑하는 어머니를 천국에 보내드리던 그날의 시간들은 아마도 그의 인생의 가장 행복한 추억으로 기록하면서 작가는 마지막 책장에 "내가 살아왔던 모든 순간과 누려왔던 모든 일들이 우연이 아니라 하나님의 은혜"라는 엄숙한 고백이 담긴 찬양으로 자신의 천로역정天路歷程을 마무리를 합니다. 들녘에 귀뚜라미가 노래합니다.

나는 오늘 조용히 홀로 내 마음의 뒷산에 묻어 둔 타임캡슐을 살짝 열어 들여다 봅니다.

고향낙수故鄕落水

황금빛 들녘 위를 날으던 참새 떼가 타작 기계의 엔진 소리에 멈칫 놀라 하늘로 치솟아 날아 갑니다. 뭉게구름 위로 더 높아진 하늘은 깊어진 계절의 향해 미소를 지으며 바라봅니다.

농부들은 온 몸에 보람과 만족을 가득 채운 모습으로 즐거운 발걸음을 분주히 움직입니다. 지난 여름도 무척 더웠습니다. 그때마다 우리는 이 무더위 속에 쑥쑥 자라나는 벼를 바라보며 소망으로 인내할 수 있었습니다.

작열하던 폭염으로 숨 막혀 하고 몇 차례 태풍이 지나가고 폭우가 몰려왔지만 굳세게 견딘 들녘은 토실한 알곡으로 완주한 마라토너처럼, 승리의 메달을 목에 건 선수처럼 자랑스럽게 가을이란 시상대에 서 있습니다.

우리의 전통적인 명절 한가위가 지나갔습니다. 공항과 제주도와 국내 유명 관광지는 그야말로 피서철보다 더 북새통을 이루며 고향으로 향하던 발걸음보다 새로운 신 풍속도를 그려 내었습니다. 코로나19로 침체되었던 여행업계와 관광단지들은 명절 특수라는 새로운 흥행 품목으로 활성화되어 가고 있습니다. 그러나 여전히 명절은 두 가지 단어가 가슴에 남아 있습니다. 고향 그리고 가족입니다.

추석을 맞을 때면 언제나 명절이라는 분위기와 풍요로운 계절답게 마음이 두근거리고 행복하고 포근한 기쁨이 찾아옵니다. 그런 까닭은 고향에 대한 그리움입니다. 고향은 언제나 누구에게나 생각만 해도 편안함과 위로를 주는 어머니 품 같은 곳입니다. 도시가 고향인 사람도 다시는 가볼 수 없는 고향을 잃은 북녘에 고향을 둔 실향민도 그리고 어촌과 농촌, 산골, 불편한 낙도라도 고향은 누구에게나 풋냄새 나던 추억이 흔적으로 남아있는 곳입니다.

우리의 고향도 많이 변해가고 있습니다. 명절이 되면 북적이던 고향도 이제 편리주의가 되어 미리 다녀가고 고향의 초등학교나 마을에서 열리던 행사들도 사라져 추억이 되고 말았습니다. 고향에 가도 옛 친구들이나 어르신들조차 만나기 어려운 형편이 되어 한가위에 대한 기대가 줄어든 것이 사실입니다. 그럼에도 명절은 가슴에 올라오는 뭔가 묘하고 야릇한 특별한 감정이 있습니다. 고향과 연결된 추석의 선물은 가족입니다. 부모님이 아직 고향에 계신다면 너무나 큰 복입니다.

가족이란 이 사회와 인류 공동체의 가장 기본적인 단위입니다. 가족은 가장 큰 힘의 원천이며 구심점입니다. 한자 집 가家자는 한 지붕아래 오순도순 모여 사는 가족을 그린 상형문자 입니다. 부모님을 공경하고 존경하며 형제간에 우애하는 마치 한 나무 가지처럼 연결된 것이 가족입니다. 부모님도 친지들도 이제 만날 날이 점점 줄어들고 있습니다.

가족은 혈연을 통해 부모와 자녀를 기본으로 합니다. 그리고 그 확장된 식구로 부모를 공유한 형제의 결합이라 볼 수 있습니다. 우리나라 헌법 제779조에 나오는 가족의 범위를 기본적으로 자기가 중심이 되고 부부 그리고 형제와 부모 그리고 내 몸을 통해 태어난 자녀들로 함께 생활하는 구성원입니다. 그러나 가족이면서 학업과 직장 등으로 인해 생활 범위가 떨어지는 경우가 발생하여 실제로 가족이면서 식구食口가 되지 못한 안타까움이 있습니다.

가족이란 어떤 독립된 한 사람과 사회나 국가의 거대한 울타리라는 사이에 중간적인 연결 단위입니다. 그래서 가정은 개인보다는 위에 존재하고 사회보다는 아래에 위치한 기능을 수행합니다. 가족원의 수는 해마다 점점 줄어들어 핵가족화 되며 독거하는 인구가 늘어갑니다.

추석을 통해 다녀온 시골 마을 텅 빈 시골집들과 어르신들만 남은 몇 명 안 되는 마을 공동체가 가족처럼 느껴졌습니다. 추석

명절 같지 않은 추석 연휴를 보내면서 핑 도는 눈물에 더욱 외로워가는 마음은 어쩔 수가 없는 것 같습니다.

© 허은자

분청자의 품격을 닮은 전라도 정신

높고 푸르른 가을 하늘, 하얀 솜을 포개어 쌓아 놓은 구름 사이로 하얀 항적운이 지나간 비행로를 그려 놓았습니다. 흔적은 그 실체를 찾아 알게 합니다. 하염없이 지나간 시간과 흘러간 세월은 역사라는 흔적을 남깁니다.

가을이 깊어가는 우리 고장 승달문화예술회관에서 열린 "야마다 만키치로와 무안분청"이란 주제의 학술대회는 도자사陶瓷史의 한 획을 긋는 중요한 시간이었습니다. 이번에 조명된 주인공은 전라도 일대에서 만들어진 무안물이란 분청사기입니다. 분청자(또는 분청사기)는 어떤 도자기에서도 볼 수 없는 특별함이 있습니다. 마치 고운님 지나간 자리에 풍기는 분 내음처럼 고결한 선비가 머무른 자리에 청초함처럼 우리 앞에 머물러 선 지나간 시간의 산물은 이 시대를 살아가는 우리들에게 고상한 품격과 묵언의 대화를 걸어옵니다. 청자나 백자 분청자는 누군가에 위안과 기쁨과 만족을 주는 소산이었습니다. 또한 삶의 흔적이었습니다. 15세기 전반에는 고려의 유풍을 받은 정치세력은 조선적인 체계로 바꾸면서 사회적 기반을 든든히 하려고 하였습니다.

세종대왕은 집현전을 통해 학문과 민족 문화를 선도하는 그 소중한 유산 한글을 창조하면서 고려 문화의 풍토를 조선이란 새로운 문화의 풍토로 전환시켰습니다. 이때는 고려시대 말의 이른바 고려청자인 상감청자를 계승 발전합니다. 조선 초기는 선상감청자線象嵌青瓷와 인화상감청자가 주로 생산되다가 백토가 발라진 분청자가 처음 나타난 것은 1450년대입니다. 그것도 다양하게 귀얄분청자, 덤벙분청자, 선각분청자, 박지분청자는 왕실이나 관청에서 쓰이다가 1467년 사기공장이 세우지면서 민간에게 보급되었고 수많은 명품이 만들어졌습니다. 1460~1490년대에 우리 호남지방에서는 수많은 작품들이 제작되면서 조선분청자의 르네상스를 이루었습니다. 그러다가 백자의 제작과 사용에 따라 분청자는 사라집니다. 그 중심에는 무안물務安物이라는 분청자가 있습니다. 분청자는 고결하면서도 순수합니다. 그리고 소박하면서 세련되어 있습니다. 분청자는 무심한 듯하면서도 역동적이고 자유로우면서도 깊은 맛을 내는 깊게 묵힌 오랜 된장으로 끓인 구수한 된장국 향이 풍겨옵니다.

전라도는 바다와 영산강을 끼고 해상의 교통이 발달되었으며 곡창 지대의 풍요함과 순전한 선조들의 삶과 정신들이 기름진 대지 위에 서사시처럼 흐르고 있습니다. 분청자의 정신은 전라도 정신입니다. 학들처럼 고결하기도 하고 느러지의 회유처럼 포근하게 안고 감싸는 부드러움이 있습니다.

하얀 백토 위에 풀비(귀얄)가 지나 간 몇 백년 전의 흔적의 도자기와 파편들을 만나면서 수줍은 듯 그리고 힘차고 역동적인 판소리 같은 남도의 정신을 닮아가고 싶습니다.

'다사녹행茶思綠行'의 정신으로

황금물결을 출렁이게 하던 해풍을 머금은 햇살은 잠자던 숲길의 아침을 깨우며 솔밭 사이로 비추어 옵니다. 언제나처럼 밝아오는 아침 햇살을 따라 온 산야를 아름답게 물들인 단풍과 길가의 낙엽은 흐르는 세월의 물결을 체감하게 합니다. 퇴색되어 바람에 날리던 낙엽이 불어온 찬바람으로 붉어진 얼굴을 어루만지며 계절의 시계時界를 넘어 겨울로 향합니다. 을씨년스러운 날씨가 쌀쌀하게 기온을 낮추어 놓았습니다.

새벽에 내리던 비는 하얀 알갱이가 되어 눈처럼 행진을 하며 지나갑니다. 이끼 낀 성벽의 돌덩이가 오랜 세월을 대언하듯 무너진 성의 안길을 지키고 있습니다.

최근 들어 우리 고장에는 의미 있는 역사의 재발굴이 시작되었습니다. 동학농민혁명 지도자였던 김응문, 김효문, 김자문의 효수 되었던 두개골이 마을 어귀에서 발견되었기 때문입니다. 우리 문화재나 역사의 흔적으로 유골이 수습된 것은 보기 드문 일입니다. 그 일을 기념하고 역사적으로 재조명하며 재발견하기 위한 각종 연구와 세미나가 진행되고 있습니다.

오늘 아침 그 역사의 현장을 거닐어 봅니다. 누군가 횃불을 들고 누군가 죽창을 들고 누군가 조총을 들고 달려갔을 동학혁명의 산야에는 동학의 선봉에 섰던 의로운 자들의 외침이 메아리 되고 울려 퍼지던 그날의 함성처럼 "새야 새야 파랑새야 녹두밭에 앉지 마라 녹두꽃이 떨어지면 청포장수 울고 간다."의 노랫말을 불러 봅니다. 그들은 참 인간 되기를 원하는 외침과 애민사상으로 분연히 일어났던 다산의 정신이었습니다.

이 분야를 연구하여 발표한 분은 다산학의 권위자인 박석무 다산연구소 이사장은 다산 정약용의 다산 사상은 우리 민족의 정신이 되었다고 발표하였습니다. 다산 정신의 핵심은 본질적으로 애국심이며 백성들에 대한 무한한 애정으로 그는 유배살이 18년 동안 쉬지 않고 백성들을 향한 애민정신으로 책을 저술하고 제자들을 기르는 일에 생을 바쳤습니다. 그래서 박 이사장은 "다산 정약용의 애국 애족 애민 사상을 배워 녹두장군처럼 살려내는 행동의 사람이 되자며 '다사녹행茶思綠行'이라는 네 글자를 가르치며 그 정신을 나침반으로 삼고 살아간다고 했습니다. 사람의 인생의 걸음은 자신의 의지적인 힘으로 진행됩니다. 그래서 자기가 가고 싶어 하는 곳으로 향하고 그 자리에 선다고 생각합니다. 지극히 의지적인 자기 힘으로 진행되어 간다는 점입니다. 그러나 우리는 거기서 발견하는 더 큰 힘을 발견할 수 있습니다. 우리의 소중한 인생의 결정적인 발걸음은 분명 어떤 강력하고 분명한 힘에 의해 따라간다는 것을 경험하고 시인합니다. 이것을 성경은 하나님의 섭리라고 말합니다.

성城을 쌓았던 굴려진 돌 뒤로 오랜 황송黃松이 버티고 있습니다. 소나무는 땅이 척박할수록 강하게 성장한다고 합니다. 좋은 토양 부드러운 환경보다 바람이 몰아치고 불편한 자리에서 더 멋진 모습으로 자라는 것을 봅니다.

일제 강점기 때 일제는 우리나라 소나무에서 송진을 뽑아가고 좋은 나무를 베어 갔습니다. 그래도 소나무는 살아남았습니다. 이는 우리 민족의 생명력입니다.

세상은 호락호락하지 않습니다. 우리는 더욱 강하게 소나무처럼 일어서야 합니다. 죽을 것 같던 순간이라도 고고한 난초가 아닌 소생의 생명력으로 일어납니다. 찬바람이 불어옵니다.

어느 덧 길가의 붕어빵 수레에 발길이 멈추어 섭니다. 김이 모락모락 올라오는 어묵 국물이 손까지 따뜻하게 해주는 마음을 녹여줍니다. 붉은 단풍잎이 가을 하늘에 투명한 빛이 되어 가슴 속으로 들어옵니다.

인생 수업 시간을 다녀와서

입추 절기로 접어 들었지만 여전히 뜨거운 열기는 하늘을 더 높아지게 합니다. 40여 년을 중·고등학교 미술교사로 봉직하면서 미술을 가르치셨던 곽규성 화백이 은퇴 후 그의 신앙고백을 담은 그림전을 서울과 외국에 초청받아 전시회를 마치고 고향에 돌아와 전시회를 가졌습니다. 서울에서 열렸기에 멀어 못내 아쉬웠는데 지역에서 만난 전시회는 너무나 감사하고 마치 인생의 여정을 돌아보는 묵상의 자리였습니다. 전시장 정면에는 "모래와 흔적"이란 캔버스 위에 모래가 묘사되어 있고 입체적으로 삐뚤삐뚤 사람의 발자국이 찍혀있는 대형작품이 걸려 있었습니다. 그림이라기보다 소조 작품처럼 입체감과 질감이 마치 모래밭을 그대로 옮겨온 것 같았습니다.

작품 감상이란 만든 사람의 의도도 중요하지만 보는 사람이 자기 가슴으로 전해지는 감동으로 제2의 창작이라 생각하며 전시장을 돌아보았습니다. 그림을 보면서 벌써 큰 충격을 받게 되었습니다. 같은 방향으로 나란히 찍혀있는 발자국은 크기와 모양이 다 다르고 분명 전진하는 방향이지만 발 모양은 다른 모양으로 묘사되어 있었습니다. 어떤 것은 깊게 파였고 어떤 것은 더 선명하게 힘이 넘친 모습으로 남기고 싶지 않은 듯 삐뚤어져 희미하게 찍혀있었습니다. 발자국마다 나의 짧은 인생의 모든 순간을 그때마다 대변하는 이야기 책 같은 흔적이었습니다.

흔적이란 "어떤 일이 지나가거나 일어난 뒤 남겨진 것"이라 사전을 설명합니다. 거친 모래와 흐트러진 거친 모래 위에 나의 인생의 흔적을 닮은 발자국은 여러 가지 다른 톤의 컬러로 대화를 걸어왔습니다.

작가는 평생 그림을 그려온 예술가입니다. 그가 수십년 수많은 감정과 생각의 물감을 짜고 펼쳤던 팔레트 판에 조감도 같은 우리들의 생활의 터전을 특별한 재료들로 묘사했습니다. 그의 팔레트에는 호수도 되었고 그의 팔레트는 숲이 되었고 사람들의 행복한 삶의 집들도 있었습니다. 그런데 그 그림을 보는 대상은 관람자도 아니고 작가도 아니고 더 높은 곳에 보시는 하나님을 의식하게 만들었습니다. 전시회의 모든 작품은 한결같이 인생이 주제였습니다. 그리고 작가의 신앙고백이 담긴 십자가와 그의 보배로운 안식처인 교회가 거기 있었습니다. 곽 화백의 그림 중 자꾸 돌아보게 하는 몇 점의 작품은 돌아온 후에도 계속 마음으로 눈에 그리게 만드는 메시지가 되었습니다. 작가는 유화나 혼합 재료로 작업을 하였습니다. 거기에 거울을 소재로 덧입혀 렘브란트가 그림 속에 자기의 모습을 그려넣은 것처럼 관람자를 그림 속의 일원으로 또는 주인공으로 초대하였습니다.

작가의 「한번 가는 것을」이란 작품은 블루의 캔버스에 아무것도 없고 덩그러니 관 하나가 열려 있습니다. 그 관에 거울이 붙여져 바로 앞에선 관람자를 그림 속 관으로 들어가 보이게 초대하였습니다. 또한 「내가 천국 가는 날」이란 작품은 장례식 때 사용하는 영정에 거울이 붙여져 관람자를 영정 속의 주인공이 되게 만들었습니다. 대부분 전시회를 돌아보고 오는 사람들의 감동은 아름다움을 만난 행복입니다. 그러나 이 작품전은 마치 한 시간 인생 강의를 듣고 나오는 기분이랄까? 출구 앞에 걸어진 「열린 문」 그림은 영원한 베리타스Veritas 찾는 구도자의 고민을 가지게 하였습니다.

일생 교편을 잡고 많은 제자를 가르치신 노老작가의 작품전에서 가슴으로 표현한 인생 수업에 참여한 진한 감동이 가득 찼습니다.

冬

나는 나그네였습니다

나에게 묻는다

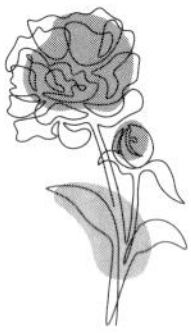

식어가는 거친 흙담에
붉은 담쟁이가
가을과 작별을 고한다.

심장 깊은 곳
진홍의 고백을 펴 올려
검고 붉어진 빛깔로

사랑했노라 떠날 수 없어
마지막 힘을 쏟아
담벼락의 가슴을 붙들었다.

나에게 묻는다
나의 마지막 색깔은
어떤 빛으로 물들어 가고 있는지.

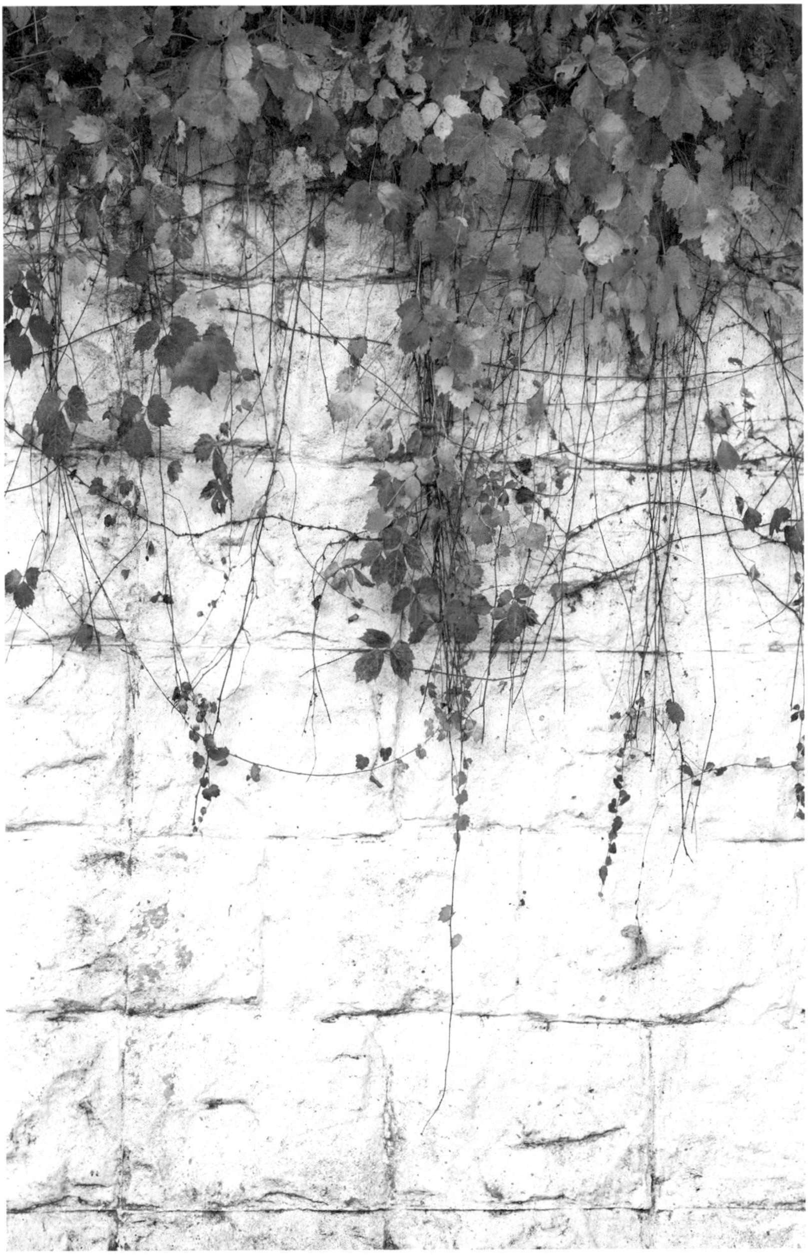

나는 나그네였습니다

제법 친근한 아침이
언제나처럼 밝아 오는 강변에
낯선 이방인들이
무리지어 달려갑니다.

얼굴을 스치는 바람에
기분이 좋아집니다.

그런데 문득
아하!
착각이었음을 깨달았습니다.

나는 이 곳 사람이 아닌
잠시 머문
나그네였다는 것을...

나는 며칠 전
이곳에서 떠날 날과

타고 갈 비행기편을
이미
예약해 놓고 왔습니다.

보는 것마다 새롭고
들려오는 소리와
낯설었던 환경들

그러나
어느 덧 자연스럽고
익숙해져 있었습니다.

며칠 지났다고
여느 때처럼
날씨도 음식 냄새도
몸에 배어갑니다.

알아듣지 못한
원주민들의 대화도
자연스러운 소리로 들려 오고

천수만 철새 떼처럼

몰려가는 오토바이 소음이
활기찬 삶의
멜로디가 되었습니다.

이제 떠나가야 합니다.
지금
짐을 챙깁니다.

며칠 간 입었던 더럽혀진 옷가지에서
이 나라의
독특한 향이 배어 있습니다.

구입해 준비한 몇 가지가
여행가방에
새롭게 자리를 차지하며
나의 분신이 되었습니다.

무거워진 짐에
나만의 비밀번호로 봉합니다.

가까운 비행장에는
누군가 오고 떠나는

비행기들이 보입니다.

나도
떠날 준비를 하고 있습니다.

아하!
짚시처럼 떠도는 나그네 길
오늘 나는
그 주인공이 되어 서 있습니다.

선명한 삶의 정체는
나의 모습 보게 하며
가르쳐 보여 줍니다

그렇습니다.
곧 떠나야만 할
나는 나그네였습니다.

-베트남 다낭을 떠나는 날 아침에

외로움

첫 눈이
내려옵니다.

소식 나눌 이 없는 외로움

첫 눈의 흔적

사진으로 찍어
내게로
보내었습니다.

겨울을 채우는 봄

물맞이 골
잠든 웅덩이 아래로
살얼음을 두드리는
입춘의 아침이 열린다.

입가에 하얀 김이 오르고
솜털 옷 껴 입은
겨울 나그네 어깨 위로
얇은 햇살의 미소가 내린다.

암튼 오늘은 입춘!
겨울을 찾은 봄의 전령은
내가 왔노라, 선언하는 사자후로
산곡의 아침에 햇살을 채운다.

세한歲寒

뼛속에 틈이 있었나?
시려오는 세한의 바람에
나그네의
입술이 파랗게 얼었다.

헐렁한 외투 깃을
곧추 세워 감싸고
꾹 눌러 쓴 모자 위에
설날 아침이 열린다.

정월의 햇귀

칠흑처럼
어둠이 내리고
밤새 불어오던
샛바람은 지치고 시린 호수를
무겁게 얼려 놓았습니다.

잠 못 이룬
청둥오리가 쉰 목소리로
가족들 챙겨 부를 때
정월의 햇귀가
호수 가득 희망을 채워 주었습니다.

주인 떠난
덩그런 외로운 뱃전에도
가득 가득 부어 주면서...

갈매기 노래 부르고

- 호미곶에서

칠흑 같은 해풍을 짊어진
고단한 나그네의 지친 멍에 위로
겨울비가 살짝 내렸습니다.

마치 고결하고
엄숙한 예식을 준비하는 긴박한 긴장감처럼
찬 바람은 깊은 바다를 흔들어
아침을 깨우며 서두릅니다.

지난 밤 동해의 물 깊은 바다 속에
감추고 묻어 놓은 검붉은 심장이
동창을 열고 기지개를 펴며 일어납니다.

갈매기의 쉰 노래 소리에
겨울비 걷힌 호미곶의 아침은
여전한 미소를 품은 어머니의 포근한 품이 되어
나그네를 맞아 줍니다.

대왕암大王岩에 기대어

몽글게 모아 들고
거세게 달려온 님을 향한 열정은
거친 바위를 안고 멈췄습니다.

뛰는 심장으로 호호 불며
소맷단으로 닦아주고
거칠어진 얼굴에 입을 맞춘 사랑은
먼지 한 톨까지 날려 버렸습니다.

그저 말없이 흐르는 눈물만
삭은 바위를 타고 흐르고
어색한 사랑의 고백은
꽃 한 송이 피워 놓았습니다.

야속한 겨울바람은
움켜잡은 고백을 시샘하고
하얀 햇살 한줄기
포대기 되어 내려 안았습니다.

© 이동식

눈

하염없이

하얀 눈이

펑펑 내려옵니다.

동심의 곳간 문 열어

추억 한 웅큼

바람자루에 담아다 부으며

열린 봉창

녹슨 마음 창가로

하얗게 가득 쌓였습니다.

설날

덜 깬 눈 비비며
입김 내 뿜는
모닷간 굴뚝엔
하얀 기둥이 오르고

수건 모자 둘러 싼
아랫마을 큰 고모는
찰진 가래떡 빼서
조카몫 챙겨
대문 앞에 걸었다.

창호지 울리던
송곳 바람은
하얀 눈이 내리는
처마 밑으로
새해 햇살을 맞는다.

동짓날

바위 틈 붉게 익어가던
가을의 언덕에
겨울이 머물러
덩그러니 서 있습니다.

언젠가처럼 여전히
산의 허리를 감싸고
불어 온 투명색 바람은
서빈 가슴을 찾아 파고 듭니다.

급해진 햇살은
산길 따라 그림자를 드리우고
돌아서는 나그네의 발걸음은
움막을 향해 달려갑니다.

내 인생에 황혼이 들면

짧아진 하루해가 붉어진 산 너머로 급히 떠나버리고 암막을 내린 듯 순식간에 어둠이 가득 쌓여갑니다. 긴 날에 여유 부리며 한눈 팔던 하룻길에 서둘러 채비를 정리하고 군불을 지핍니다.

어느 덧 한해의 끝자락을 붙들고 한 장 남은 카렌다 뒤에 새해 달력을 겹쳐 걸었습니다. 서둘러 담근 김장독에는 포근한 어머니의 품속이 기억나게 합니다. 지혜로운 사람은 하나를 보고 열을 안다고 합니다. 그래서 지난 흔적 위에 새로운 내일의 갈 길을 그려보는 것입니다. 그것을 통찰과 예지력이라 합니다.

과거 우리의 트렌드는 되는 대로였다면 이제는 통계를 통한 정밀한 분석과 진단을 통한 새로운 대안입니다. 우리 몸에 생겨난 상처와 흔적은 같은 모양 같지만 그 의미는 많은 차이와 다른 스토리를 품고 있습니다. 쟌 맥스웰John Maxwell이라는 미국의 유명한 강사이며 사회지도층에게 리더십을 일깨우는 분은 이런 예를 들어 상처와 흔적의 차이를 설명하였습니다. 아들을 데리고 산책하던 아버지가 숲길을 걸어가고 있었습니다. 그들은 산속에서 안타까운 장면을 목격합니다. 사냥꾼들이 설치한 덫에 걸려 온몸에 큰 상처를 입은 짐승이 놀라 뛰쳐나오는 것이었습니다. 그런데 그 짐승의 목에는 아직도 덫이 걸려 있었습니다. 안타까워 아들은 그 덫을 풀어 주려고 짐승에게 다가갔으나 도리어 그 짐승이 놀라 공격하려 합니다. 아버지는 아들을 제지하며 말합니다. 짐승 입장에서는 자기를 도와주려고 오는 사람을 공격하려는 사람으로 생각하여 경계하며 대드는 것이라 하였습니다. 그리고 사람도 마찬가지라 했습니다. 매섭고 고통스럽게 상처를 받은 사람은 다른 사람들을 신뢰하지 못하기에 경계하고 도리어 그 사람들을 공격하는 자가 된다는 것입니다.

구박받고 살았던 시어머니가 자기 며느리를 힘들게 하고, 고참에게 힘들었던 병사가 고참이 되면 후임병을 괴롭힙니다. 이는 상처 때문입니다. 괴롭힘 당할 때는 고참을 향해 시어머니께 불만을 가졌지만 자신도 괴롭히며 힘들게 합니다. 이는 자기 방어기제로 공격적이 되므로 자신을 보호하려는 것입니다.

이런 말을 들었습니다. 개[犬]에 물려 병원에 찾아온 사람은 2시간 지나면 귀가하고 독사에 물린 사람은 3일 정도 입원해야 하며 사람에게 상처 입은 사람은 아직도 병원에 입원중이라 합니다. 흔적은 교훈과 지혜를 주는 경험적인 덕이기에 성숙하게 하는 것입니다.

예수님은 희생과 헌신 고난의 못자국난 손과 허리에 창자국의 흔적이 있으셨습니다. 바울사도는 예수님을 만나 사역하면서 살아계신 하나님 앞에 체험적인 거룩한 흔적 "내가 내 몸에 예수의 흔적을 가졌노라"(갈6:17)을 가졌다고 고백합니다.

우리는 잠시 만나 스쳐가는 수많은 사람들 사이 상처를 주고받았습니다. 김준엽 시인이 쓴 「내 영혼에 황혼이 들면」이란 시에 "내 인생에 황혼이 들면 나는 나에게 많은 날들을 지내오면서 사람들을 사랑했느냐고 물어 보겠지요. 그러면 그때 가벼운 마음으로 사람들을 사랑했다고 말할 수 있도록 나는 지금 많은 이들을 사랑해야겠습니다. (중략) 내 인생에 황혼이 들면 나는 내 마음 밭에서 어떤 열매를 얼마만큼 맺었느냐고 물어보겠지요. 그러면 그때 자랑스럽게 대답하기 위해 지금 나는 내 마음 밭에 좋은 생각의 씨를 뿌려 좋은 말과 좋은 행동의 열매를 부지런히 키워야겠습니다."

겨울 바람이 어느새 문틈으로 찾아와 아리게 하는 상처에 통증을 유발합니다. 깊은 밤 흘러가는 시간과 함께 달궈진 구들에 편히 누워 꿈도 꾸지 않고 고요히 푹 잠자리에 들고 싶습니다.

호명呼名 나의 이름 부를 때!

오늘도 언제나 습관처럼 무서운 빗소리와 천둥소리에 놀라 일찍 눈이 떠졌습니다. 아직도 새벽이 오려면 많이 남아있는 시간이라 침상에 누워 빗소리를 들으며 깊은 생각에 빠집니다.

언젠가 부터 이슬비, 소낙비, 봄비 등 낭만적인 우리나라의 비 이름에 어울리지 않는 집중 호우가 내립니다. 그야말로 폭우입니다. 밤새 거대한 맹수가 할퀴고 지난 간 텃밭은 그야말로 쑥대밭이 되어 어지럽게 흩어져 있습니다. 새벽에 어둠 속에 들었던 빗소리 그리고 천둥소리와 번개가 남긴 흔적은 낭만이 아닌 경고처럼 나타납니다.

며칠 전 윗녘에 행사가 있어 출타 중에 함께 한 지인의 인도로 "한국 기독교 순교자 기념관"이라는 곳을 방문하였습니다.

도심을 벗어난 한적한 산 속에 위치한 이곳은 마치 거룩한 정신이 흐르는 공간처럼 여겨졌습니다. 기념관 주차장에서 부터 산길을 걸어 오르도록 계획된 입구는 수많은 순교자들의 이름이 새겨진 비석들이 좌우에서 반겨 주었습니다. 이 길은 그냥 쉽게 오르는 길이 아닌 이름도 얼굴도 모르는 순교자들이 목숨을 바쳐 만들어 놓은 생명 길이란 감동에 가파르고 더운 날씨에도 감사로 걸어 오를 수 있었습니다.

돌비에 새겨진 이름 중에는 어디선가 들어 보았던 이름도 있고 대부분은 모르는 이름들이었습니다. 한결같이 그들은 오직 하나밖에 없는 소중한 자신의 생명을 드린 사람들이었습니다. 조국을 구하려고 나라를 위하여 외적과 맞서 싸우고 조국 독립을 위하여 싸우고 순국하여 산화된 분들을 조국은 기억하려고, 후손들에게 알리고자 노력합니다. 삶의 현장에서 직장에서 목숨을 걸고 사명을 감당하다가 순직한 귀한 자들도 그 공동체는 생생히 기억하고 있습니다.

그러나 여긴 참된 신앙을 지키려고 하나님이 맡긴 사명을 감당하며 목숨까지 내놓은 존귀한 순교자들의 이름은 우리가 잊어버리고 살아왔습니다. 기독교의 중요한 삼위일체 교리를 정립한 교부 터툴리안Tertullian, 155~240년경은 우리에게 의미있는 말 "순교자의 피는 교회의 씨앗이며, 교회는 순교자의 피를 먹고 자란다"고 하였습니다.

우리나라는 수많은 믿음의 선배들의 눈물과 피를 흘리는 순교와 목숨을 건 헌신으로 이만큼 성장하였습니다. 뿌리가 없는 나무가 금방 시들어 버리는 이치처럼 우리의 영적 뿌리이신 예수 그리스도와 생명의 말씀을 붙잡은 우리 기독교의 뿌리 같은 순교자들의 피를 기억해야 합니다.

한국기독교순교자기념관은 우리 믿음의 뿌리에 흐르는 순교의 피를 기억하는 장소였습니다. 평범하게 들려오는 이름 석자들, 그러나 그 자리의 이름들은 그냥 이름이 아닌 자기 목숨과 바꾼 신앙의 고백으로 들려왔습니다. 전시실에 적혀 있는 '호명'이란 글에 '이름을 부르다'는 부제가 있었습니다. 그리고 디지털 전시관에서는 순교자들의 이름을 한 사람 한 사람 호명하고 있었습니다. 그 이름을 기억하는 하늘 생명록에 이름을 호명하는 듯한 의미있는 전시관이었습니다.

"예수를 버리고 죽은 것은 아주 죽는 것이요 예수를 따라 죽는 것은 정말 사는 것이다." 주기철 목사님의 전시실 글과 성경 말씀이 순교자들의 숭고하고 거룩한 모습을 떠올리게 하였습니다. 유명한 순교자 폴리갑이 남긴 마지막 유언 "나는 86년 동안 그분을 섬겼으나 그분은 나에게 아무런 잘못도 하지 않았습니다. 그런데 내가 어찌 나의 왕 나의 구원자를 모독할 수 있겠습니까?"내 가슴에 들려옵니다.

ⓒ 허은자

좋은 자리 함께 하자고 녹명鹿鳴을 울려 봅시다

소리 없이 흘러가 버린 시간 위에 아쉬워하며 굴러 떨어져 날아간 낙엽의 마지막 비행이 애처로운 포물선을 그려냅니다. 밤새 아무 일도 없었다는 듯 정적이 숲 속에 멈추어 있습니다. 산을 울려 메아리치는 딱따구리 부부의 집 짓는 소리는 희망찬 보금자리와 새끼를 맞이할 꿈을 알리는 대 선언大宣言입니다. 온 몸을 휘감는 겨울날의 고요는 산 아래 군상들의 분주한 시간과 생존 경쟁의 거친 숨소리를 덮어 버렸습니다.

마음을 먹고 시작한 집중을 위해 반년 정도 티브이와 뉴스를 애써 무관심하며 살아봅니다. 머릿속을 흔들고 삶을 얽어 매였던 속박으로 부터 흐르는 바람에 살며시 몸을 기대고 자연의 숨소리를 모아 가슴에 채워봅니다.

문득 떠오른 생각처럼 일깨워준 정적을 흔들고 숲을 울리던 얼굴 모를 주인공의 기상나팔 같은 선포는 푸른 심장을 다시 박동하게 합니다. 사랑하는 지인이 보낸 글에 '문무학' 시인의 짧은 글 「인생의 주소」라는 글을 의미있게 받았습니다.

젊을 적 식탁에는 꽃병이 놓이더니 늙은 날 식탁에는 약병만 줄을 선다. 아! 인생 고작 꽃병과 약병 그 사인 것을 꿈꾸던 시절 젊고 행복을 찾아 채우던 시대에 성공 욕망 그리고 생존을 위한 밥상에는 이런 저런 꽃들과 향기를 품을 꽃이 담긴 꽃병이 놓여 있었습니다. 언제 부턴가 그 자리의 꽃병은 사라져 버리고 한 줌씩 되는 수많은 약병들이 대신 식탁을 채워 놓았다는 것입니다. 이런 연약한 인생사人生史는 고작해서 그야말로 꽃병과 약병 사이라는 말에 공감하며 겸손한 자리로 돌아와 앉습니다.

무서운 이기주의와 독하고 사나워져 버린 품성들이 채워 놓은 소음들인 환경을 탓하고 다른 사람을 탓합니다. 무엇이든지 무조건 비판부터 하며 부드러운 격려보다 심판관이나 된 양 독선 된 기준으로 평가하기를 좋아하여 잡음으로 가득합니다.

선물 같은 축복 앞에서도 부정적으로 접근하여 따지고, 자기의 생각으로 주장하고, 욕심을 채워내지 못한 아우성치는 세상의 소리는 이미 허공으로 사라져 버릴 오염된 공해가 되었습니다. 정말 따뜻한 온도를 가진 그리고 꿈과 소망을 주는 희망의 소리로 채워나가길 소원합니다. 같은 소리도 질서를 정하고 의미를 담으면 중요한 메시지가 되고 글이 되고 음악이 되어 사람들의 마음을 안아주고 새롭게 합니다.

세상에 아름다운 소리 중 녹명鹿鳴이란 소리가 있습니다. 중국의 오경 중에 주옥같은 시들을 모아 백성들이 부르는 민요인 '풍風'과 궁전에서 사용하던 궁중음악인 '아雅' 그리고 조상들을 기억하며 부르던 '송頌'을 엮은 『시경詩經』이란 책이 있습니다. 여기에 녹명이란 노래가 있습니다. "유유록명呦呦鹿鳴 식야지호食野之蒿". 황제가 좋은 것을 신하들과 나누는 모습을 노래한 것인데 이는 사슴의 특별한 성질을 보고 노래한 것입니다.

사슴은 다른 짐승들과 달라서 먹이를 발견하면 배고픈 친구들을 부르기 위해 소리를 내어 울음을 운다고 합니다. 동료들을 생각하며 혼자만이 아닌 다른 사람들을 생각하며 함께 하자고 부르는 소리는 이 세상 어떤 소리보다 아름다운 소리입니다.

해가 저물어가고 또 한해가 시작되는 시간 위에 서서 우리는 무엇보다도 세상의 아우성과 소음도 아닌 희망과 사랑의 음성을 나누는 계절이 되면 좋겠습니다.

오늘도 고요한 산허리를 감싸고 흐르는 구름 위로 따뜻한 사랑의 노래가 녹명처럼 흘러 나가서 함께 하자고 손을 내밀고 작은 마음 꺼내어 노래를 불러봅니다.

© 이가은

저 높은 곳을 향하여
스텝 바이 스텝Step by step

솔잎 끝에 수정처럼 빛나던 얼음 방울이 등촉을 밝힌 듯 아침 햇살과 함께 하루의 문을 열어줍니다. 자연계의 섭리는 창조주의 오묘한 설계에 의해 존재하기에 사물 뿐 아니라 시간까지도 귀한 의미를 가지고 있습니다.

하루 역시 아침 시간으로 시작되어 저녁 시간이 되면 마치게 하며 다시금 새롭게 출발하고 결산하도록 싸이클을 준 것처럼 한 주도 주초와 주말이 있고 한 달 역시 초하루와 말일이 있습니다. 또한 일 년도 정월 초하루가 있듯이 선달 그믐날이 있습니다. 그래서 새로운 각오와 결심으로 힘차게 출발하는 기회를 주고 열매를 바라보며 감사하고 결산하여 열매를 맺을 수 있도록 깊은 의를 담은 메커니즘을 만들어 놓았습니다. 그래서 우리는 날마다 새로워지는 것입니다. 그리고 다시 주신 기회에 더 의미있는 결과물을 창출하며 일어나는 것입니다.

미국의 사업가이며 훌륭한 신앙인이었던 '콘라도 힐튼'이라는 사람이 있습니다. 그는 기도로 꿈을 이룬 위대한 신앙인이며 전 세계 약 180여 국에 4,600개의 호텔을 이룬 세계적인 호텔 체인을 일으킨 호텔왕으로 알려져 있습니다. 똑같은 숙박업이지만 더욱 가치 있는 사업을 위한 인생관을 가지고 있었습니다. 그는 단 하루도 기도 없이는 시작하지 않겠다면서 '매일 기도하라'하고 '과거에 집착하지 말라' 그리고 '상대방을 존중하고 업신여기지 말라'라며 좌우명을 정합니다. 그의 가장 큰 인생관은 '크게 생각하고 크게 행동하고 크게 꿈꾸라'는 것이었습니다.

어느 날 그는 녹슬고 구부러진 쇠막대기를 하나 들고 직원들 앞에 섰습니다. "여러분, 이 5달러 짜리 쇠막대기 하나를 그대로 두면 녹이 생겨 산화되고 버려지는 쓸모없이 되고 말 것입니다. 그러나 이 쇠막대기를 녹여서 말의 발굽인 편자를 만들어 판다면 20달러를 벌 것입니다. 또 못과 바늘을 만들어 팔면 3천 달러, 그리고 시계 부품을 만들거나 용수철을 만든다면 250만 달러를 얻을 것입니다. 언제까지 원자재 타령만 할 것입니까?"라며 직원들을 독려했습니다.

우리는 이런 저런 스스로의 판단에 따른 주변 사람과 환경 탓 개인적인 인생 탓으로 포기하거나 도전하지 않고 안일하게 또 한

해를 살아가기 쉽습니다. 중요한 것은 나의 생각이 바뀐다면 더욱 의미있고 가치있는 한 해를 살아갈 것입니다. 내가 새로워지지 않는다면 새로운 것을 기대하지 못합니다. 수영을 잘 못하는 사람에게 수영장을 바꾼다고 수영을 잘하게 되는 것이 아닙니다. 일에 열심 없는 사람, 책임감 없는 사람이 다른 회사로 일터를 바꾼다고 성실하고 훌륭한 기둥으로 새로워지지 않습니다. 그러므로 생각을 복 되고 선하게 하며 크게 하여야 합니다. 그리고 생각을 행동으로 실행할 때 달라지는 삶의 주인공이 될 것입니다.

목표가 정해졌다면 우리는 환경을 맞서 나가야 합니다. 중국이 티베트를 강제로 병합하였습니다. 그때 수많은 사람들은 티베트의 자치 국가를 지키려 중국과 싸우다 결국은 망명 길에 오릅니다. 한 노인이 중국과 싸우다 인도로 망명하였습니다. 그는 험신준령인 히말리야 산맥을 넘어 왔습니다. 사람들이 질문합니다. "젊은 사람도 넘어올 수 없는 히말라야 산맥의 눈보라와 험한 준령을 어떤 방법으로 넘어 왔습니까?" 그러자 그가 아주 단순한 대답을 합니다. "인도를 향해 한 걸음씩 한 걸음씩 걸어왔습니다. 그것이 다입니다."

새로운 한 해 오늘도 '스텝 바이 스텝step by step' 걸음 씩 선하고 복 된 저 높은 곳을 향하여 순례자의 길을 걸어갑니다.

숨겨놓은 단풍丹楓의 가슴을 열고서

밤새 세차게 비를 뿌리며 대나무 숲으로 불어온 바람은 동구밖 단풍나무 숲길을 낙엽으로 양탄자처럼 수를 놓았습니다. 입가에 올라오는 증기는 맑은 아침 공기를 가르며 피어납니다. 마치 행사에 맞추어 분주하게 갈아입었던 유니폼을 벗어버린 자유처럼 숲속의 가지마다 편안한의 자유가 가득합니다. 무겁고 거추장스런 각종 장신구들도 풀어내고 얼굴에 그려놓았던 화장을 지운 여인처럼 지난 세월을 달려온 긴장이 해제가 된 시간입니다. 민낯의 나로 돌아와 편하게 던져진 마음에는 숨겨진 노래가 흘러나옵니다.

차가운 봄 얼어있던 가지에게 희망의 문을 열어 피어준 새싹은 녹색 잎으로 무성하여 포근한 옷이 되어주었습니다. 여린 잎 새는 비바람을 막아 주는 강한 울타리가 되었고 누구든지 깃들어 휴식할 그늘을 제공하며 풍요로운 가을 열매를 준비해 주었습니다. 냉정한 가을바람은 그 잎마저 떠나보내려 그동안 전투복 같은 유니폼을 벗겨놓고 이제 자신의 아름다운 단풍으로 갈아입혔습니다.

언제나처럼 푸른 옷만 입고 사는 줄로 생각되었지만 그 속에는 자신의 내면을 드러내는 각양의 색들로, 은행나무는 황금빛 가슴을 내보였고, 붉어진 잎사귀와 주홍의 각색의 단풍에 신비한 그의 본연의 심장이 숨어 있습니다. 찬바람이 불며 태양의 빛이 줄어 들면서 그동안 열심히 살아왔던 광합성이 약해집니다. 푸른 엽록소 옷을 벗고 보니 그 화려한 색소들이 황홀하게 단풍 되어 나타납니다.

녹색의 아름다움도 고결하고 멋진 모습이지만 단풍이 말하는 소중한 메시지는 본질의 고백입니다. 점점 시대가 관심을 가지는 것이 황혼에 대한 것입니다. 인생은 60부터라는 말은 이미 옛말이 되었습니다. 관리만 잘하면 100세 인생이라 하는 시대입니다. 그래서 60은 중년에 해당되고 새로운 도약을 위한 참 자신을 만나는 시간이라고도 합니다.

그동안 남편으로부터, 가사로부터 자유롭지 못하고 삶과 직장, 생업으로부터 자유롭지 못한 시간을 마치고, 꿈꾸던 제2의 인생을 준비하고 살아가는 모습들이 종종 소개됩니다. 그들은 여전히 행복하고 아름답게 소중한 꿈을 멋지게 펼쳐가는 모습입니다.

어떤 이는 그림을 그리고 또는 산에 들어가 자유인이 되기도 하고 글을 써서 문학 소년이 되어 마음의 소원도 이루어 갑니다. 그러면서 가족과 인생을 위한 헌신의 삶에서 얻었던 보람과 행복 못지않게 멋지게 피어나는 인생을 만들어갑니다. 거기엔 미처 아무도 보지 못하는 반짝이는 보물이 숨어 있습니다. 인생의 석양을 걷는 나그네에게 하나님이 보여주신 아름다운 단풍이 살짝 말을 걸어옵니다. 붉게 물들어 바람에 날아가는 단풍 한 잎을 주워들고서 내면의 깊은 우물에서 퍼 올린 원초의 고백을 적어봅니다.

"사랑의 고백//빼꾸기 울던 메마른 가지 /연 푸른 옷 지어 / 시리고 얼은 몸 보듬어 주고 // 잔풍이 흔드는 여린 꽃 잎 새 / 겹겹이 울타리 되어 / 가슴에 품어 보호해주며 // 찬바람 불어 온 가을 날 오후 / 숨겨진 나의 진실 / 황홀한 단풍으로 단장하더니 // 매운 눈보라에 놀라 / 얼어가는 드러난 뿌리 / 낙엽 되어 포근히 덮어 주더니 // 오늘도 / 한 줌의 든든한 흙이 되어 / 옆자리 너의 자리를 지킨다."

만산홍엽의 계절, 낙엽으로 쌓인 숲길을 걸어갑니다. 보이는 외형만 보고 판단했던 잘못을 고백하며 더 아름다운 빛깔을 품은 보석같은 숭고한 내면을 향해 존경의 박수를 보냅니다.

산천은 의구한데

입춘을 지나고 절기로는 봄이 시작되었건만 아직도 떠나지 못한 겨울의 주권은 방심한 세상을 향해 폭설과 한파로 무서운 혼바람을 냅니다.

어디선가 본 글에, 겨울은 봄을 데리고 온다더니 머지않아 포근한 봄 날이 가까이 옴이 분명하건만 아직은 난로 곁으로 다가가 있고 싶습니다. 아직도 남은 잔설 쌓인 산길을 걸어 올라갑니다.

지난 해 떨어져 삭혀진 낙엽들 위에 하얀 보따리처럼 남아 있는 녹다가 얼어버린 눈뭉치는 겨울이 남긴 선물처럼 반갑기도 합니다.

사랑하는 지인이 소아시아 성지순례를 다녀온 후 한 보따리 사진 선물을 보내 왔습니다. 그 사진은 기독교의 초기 역사의 현장인 튀르키예(터키) 여행을 다녀와서 거기서 촬영한 현장의 생생한 사진이었습니다. 사진 속 땅은 불과 얼마 전 큰 지진으로 전 세계를 떠들썩하게 했던 아픔의 상처가 아물어가고 있었으며 푸른 풀들이 자라는 평온한 장면이었습니다. 평온한 땅과 땅 아래는 신앙을 지키며 박해자들의 위협 속에 신앙을 지킨 선배들의 굵은 흔적이 남아 있는 거룩한 곳입니다. 사진 속 장면은 역대 고대도시 어디서나 보이듯이 웅장한 건물 터들과 굵고 높은 기둥들과 한없이 넓게 펼쳐진 회집 장소인 원형경기장과 원형극장들이 가득하였습니다. 또한 지하도시 미드야트 지하도시나 갑바도기아의 그 광활 한 땅 속에 버섯같이 돌을 깎아 세운 불가사의한 공동체 흔적은 인류의 문화유산이 된 흔적이라기보다 위대한 신앙인들이 고백처럼 맺여 놓은 거룩한 결정체였습니다.

사진 속에 새겨진 역사들을 깊게 묵상해보니 미처 처절했지만 하늘에 소망을 둔 행복한 사람들의 찬양소리와 기도소리 그리고 웃음소리가 들려왔습니다. 사진을 받아 들고 처음 느꼈던 추운 겨울 산길 같은 차가운 핍박과 고난과 아픔으로 느껴졌던 사진에 그들의 절망 속에서 가슴에 품고 하늘을 향해 찾은 희망을 바라보는 생생한 눈망울이 보이기도 하였습니다.

거기에 다가오는 봄이 있었습니다. 거기 소망의 봄이 있었습니다. 찬송 소리 나는 사진의 현장에는 지금 기도 시간에 맞춰 이슬람 사원에서 알라를 부르는 기도 소리가 울려올 것입니다.

그러나 사진에 오버랩되는 하늘의 소망을 향하여 나가는 깊고 높은 그 신앙의 힘은 척박한 바위를 뚫어 깎아 하늘로 통하는 통로를 만들었습니다. 처절한 어둠의 동굴 속에 찬란하게 밝아올 아침을 기다리는 하늘에 소망을 둔 순례자의 위대한 모습이었습니다.

바위 속 만든 예배 처소에서 마음껏 찬양을 부르며 드렸던 예배는 우리가 상상할 수 없는 농도 깊은 고백이었으며 깊이를 헤아릴 수 없는 심오한 헌신이었습니다.

동 로마교회의 역사 찬란한 역사와 오스만 터키의 강력한 힘에 의한 역사적 소용돌이 몰아쳤던 현장은 이제 조용한 폐허와 풀밭이 되었습니다.

그러나 사진을 붙들고 가슴 아픈 것은 이 모든 그 역사의 현장이 한결같이 폐허가 된 장면입니다. 지나가는 사람들을 붙들고 물어보고 싶어도 아무도 기억해 주지 못한 시대의 숭고한 고백의 흔적만이 덩그러니 돌덩어리가 되고 무너진 벽이 되었고 빛바랜 흔적들이 되었습니다. 십자가가 걸렸던 교회의 자리에 알라의 기도문이 걸려 있고 십자가가 높이 달렸던 종탑에는 이슬람의 초승달이 걸려 있습니다.

고려왕조를 생각하며 길재가 썼던 시를 읊어봅니다. "오백년 도읍지를 필마로 돌아드니 산천은 의구한데 인걸은 간 데 없네 어즈버 태평연월이 꿈이런가 하노라".

오늘은 사진 속 그 찬란했던 아니 핍박 속에 숭고했던 그 기도의 현장 행복한 신앙의 현장을 열기구 풍선을 타고 높은 하늘에서 돌아봅니다. 존경스러운 선배들은 간 곳 없고 폐허의 앙상한 기둥만 남은 그 자리에 다시 영광이 울려 퍼지길 귀 기울여 들어 봅니다.

길 위에서 나에게 묻는다

한껏 붉어진 잎새를 배경으로 높아진 하늘이 투명하게 형광 빛 실루엣으로 인사를 건네옵니다.

평화로운 아침 공기를 젖히고 들려오는 소쩍새의 울음은 메아리지며 울려옵니다. 신비한 안개처럼 내리는 하얀 이슬비는 다소곳한 새색시 같이 살그머니 내리고 있습니다. 햇살을 비키고 내리는 부드러운 이슬방울은 데워진 대지를 어루만져주는 청량제 같습니다.

우리 마을에는 여기저기에 관공서에서 지역민 건강을 위해 황톳길을 만들어 놓았습니다. 인기가 있는 바닷가 모래사장에 해변길을 감상하며 걷게 만들어진 특별한 코스도 있습니다. 해변 길은 사람들에게 많이 알려져 있어 한적하고 조용한 숲길을 찾는 이들이 걷는 곳입니다. 전국적으로 불기 시작한 걷기운동은 많은 사람들의 체험담을 바탕으로 유행되고 있습니다.

인류는 직립보행을 하며 살아갑니다. 전통적으로 우리 조상들은 걷기가 생활화 된 사람들입니다. 그러나 천대 받았던 걷기가 이제 사람들의 운동이 되어 현대인들에게 어필하는 바가 큽니다. 현대인들은 생활의 패턴이 바뀌고 삶의 환경이 바뀌면서 걷기보다 자동차를 타고 의자에 앉아 활동하며 콘크리트의 숲에 살기에 흙으로부터 멀어져 사는 형편입니다. 몸은 흙으로 지어졌기에 수분이나 흙을 대하면 우리 몸은 친화적인 반응을 하며 안정적인 감정이 살아납니다. 황톳길을 걸어보니 발바닥의 신경과 혈관 등에 와 닿는 자연과의 교감은 기분 좋은 대자연의 어루만짐이란 느낌을 갖게 됩니다.

발 건강이 신체 신진대사를 돕는 것을 이미 알게 된 사람들은 발을 마사지하고 발을 관리하는 족욕足浴이라는 것을 발전시키기도 했습니다. 무엇보다 황톳길의 장점은 자연과의 접촉을 통한 정서적인 교감을 통한 안정감을 주는 것은 확실한 것 같습니다. 이렇듯 오늘도 숲 사이 황톳길을 걸어가며 길에 대해 생각에 잠겨 봅니다.

우리 인생길은 좁을 길을 만나 비집고 나아가기도 하고 넓은 대로를 만나 분주하게 걸어가기도 합니다. 때로는 막혀버린 길 앞에서 절망하기도 하고 갈림길 앞에서는 고민하기도 합니다. 반듯하게 열린 길에서는 마음껏 달려보기도 하고 구불구불한 길에서는 길을 찾아 방황하기도 합니다. 확신에 찬 마음으로 목적지를 향하기도 하지만 확신이 부족하여 힘차게 앞으로 나아가지 못하고 불안한 발걸음을 내딛기도 합니다. 그러나 그 길은 내가 개척하고 만들어가는 선구자의 삶도 있었고 누군가가 먼저 가면서 만들어준 고마운 길을 통과하기도 합니다. 무거운 짐을 지고 허덕이며 지친 몸으로 지나가던 길이 있고 내리막길이 되고 짐을 벗고 가벼운 마음으로 여유를 부리며 달려보기도 합니다.

이미 지나온 과거의 길이 있고 다시 가야 할 길이 있는데 그 길에 꽃이 피어나던 곳에 눈보라와 소낙비가 내리기도 합니다. 시끄러운 시장통의 길을 지날 때도 있고 무서우리만큼 고요한 산길을 외롭게 터벅거리며 걸을 때도 있습니다. 불편한 사람과 걷는 가시밭길의 지루한 순간도 있습니다. 많은 사람들이 벌써 황톳길로 모여듭니다. 자동차는 찻길로 비행기는 하늘길로 바다에는 뱃길이 있습니다.

마방馬幇들이 중국의 차와 티베트의 말을 교역하기 위해 중국과 티베트에서 인도까지 걸었던 험산준령 차마고도茶馬古道에는 그들의 삶이 헌산 곳곳에 새겨져 있습니다. 세상에서 가장 아름다운 길이라는 산티아고Santiago 순례길에서 사람들은 자신의 본 모습을 발견한다고 합니다.

오늘도 좁다란 나의 산티아고에서 무엇을 위해 어디를 향해 걷고 있냐며 떨리는 질문을 던져봅니다. 가장 친근한 그 사람 바로 나에게.

이동식 에세이집
군불 지피는 보랏빛 마음으로

2024년 10월 20일 인쇄
2024년 10월 30일 발행

지은이 | 이 동 식
펴낸이 | 강 경 호
발행처 | (주)시와사람
등 록 | 1994년 6월 10일 제 05-01-0155호
주 소 | 광주시 동구 양림로119번길 21-1
전 화 | (062)224-5319
팩 스 | (062)225-5319
E-mail | jcapoet@hanmail.net

ISBN 978-89-5665-742-4 03810

값 15,000원

*이 책은 한국예술인복지재단에서 제작비 일부를 지원받았습니다.

공급처 ■ 한국출판협동조합
경기도 파주시 탄현면 오금리 202번지
주문전화 (02)716-5616, 070-7119-1740